DIETER KÜHNE

Der marxistisch-sozialistische Rechtsbegriff

AF884255

MÜNSTERISCHE BEITRÄGE ZUR RECHTSWISSENSCHAFT

Herausgegeben im Auftrag der Rechtswissenschaftlichen Fakultät
der Westfälischen Wilhelms-Universität in Münster durch die Professoren
Dr. Hans-Uwe Erichsen Dr. Helmut Kollhosser Dr. Jürgen Welp

Band 11

Der marxistisch-sozialistische Rechtsbegriff

Eine kritische Stellungnahme

Von

Dr. Dieter Kühne

DUNCKER & HUMBLOT / BERLIN

CIP-Kurztitelaufnahme der Deutschen Bibliothek

Kühne, Dieter:
Der marxistisch-sozialistische Rechtsbegriff:
e. krit. Stellungnahme / von Dieter Kühne. —
Berlin: Duncker und Humblot, 1985.
(Münsterische Beiträge zur Rechtswissenschaft;
Bd. 11)
ISBN 3-428-05853-4

NE: GT

D 6

Alle Rechte vorbehalten
© 1985 Duncker & Humblot GmbH, Berlin 41
Satz: Feese & Schulz GmbH, Berlin 41
Gedruckt 1985 bei Buchdruckerei Bruno Luck, Berlin 65
Printed in Germany
ISBN 3-428-05853-4

Meinen Eltern
und Alida

Vorwort

Die vorliegende Untersuchung hat dem Fachbereich Rechtswissenschaft der Westfälischen Wilhelms-Universität zu Münster im Wintersemester 1984/85 als Dissertation vorgelegen. Das Manuskript wurde im Juli 1984 abgeschlossen.

Die Arbeit wurde von Herrn Professor Dr. Valentin Petev angeregt und betreut. Ihm gilt mein besonderer Dank für seine stete Ermunterung, nicht allein gängigen Fragen der Rechtswissenschaft nachzugehen, sowie für seine über die fachliche Beratung hinausgehende, stets ermutigende Betreuung.

Mein besonderer Dank gilt auch Herrn Professor Dr. Dr. Werner Krawietz für die Zweitbegutachtung der Dissertation und Frau Dr. Birgitta Konrad für den freundschaftlichen Dialog und die förderliche Kritik.

Ferner danke ich den Herausgebern, namentlich Herrn Professor Dr. Helmut Kollhosser für die Aufnahme der Arbeit in die Schriftenreihe des Fachbereichs.

Konstanz, im Februar 1985

Dieter Kühne

Inhaltsverzeichnis

Abkürzungsverzeichnis

a. A.	anderer Ansicht
abgedr.	abgedruckt
AllThSR	Marxistisch-leninistische allgemeine Theorie des Staates und des Rechts
Anm.	Anmerkung
ARSP	Archiv für Rechts- und Sozialphilosophie
Art.	Artikel
Aufl.	Auflage
Ausg.	Ausgabe
ausf.	ausführlich
Bd.	Band
BVerfGE	Entscheidungen des Bundesverfassungsgerichts
DDR	Deutsche Demokratische Republik
ders.	derselbe
dgl.	dergleichen, desgleichen
dies.	dieselben
Diss.	Dissertation
dt.	deutsch
engl.	englisch
FDGB	Freier Deutscher Gewerkschaftsbund
FDJ	Freie Deutsche Jugend
ff.	folgende
Fn.	Fußnote
GG	Grundgesetz
ggf.	gegebenenfalls
H.	Heft
Hrsg.	Herausgeber
hrsg.	herausgegeben
insbes.	insbesondere
IVR	Internationale Vereinigung für Rechts- und Sozialphilosophie
Jahrb. f. Ostr.	Jahrbuch für Ostrecht
Jhrg.	Jahrgang
jur.	juristisch
JuS	Juristische Schulung
Kap.	Kapitel
KJ	Kritische Justiz
KPdSU	Kommunistische Partei der Sowjetunion

m. E.	mit Einschränkung
MEW	Marx/Engels Werke
MLSR	Marxistisch-leninistische Staats- und Rechtstheorie
m. w. N.	mit weiteren Nachweisen
NJ	Neue Justiz
OER	Osteuropa-Recht
RabelsZ	Rabels Zeitschrift für ausländisches und internationales Privatrecht
RID	Rechtswissenschaftlicher Informationsdienst
ROW	Recht in Ost und West
russ.	russisch
S.	Seite
Sammlg.	Sammlung
SED	Sozialistische Einheitspartei Deutschlands
SGiRP	Sovetskoe gosudarstvo i revolucia pravo
SGP	Sovetskoe gosudarstvo i pravo
Sp.	Spalte
StuR	Staat und Recht
UdSSR	Union der sozialistischen Sowjetrepubliken
VEB	Volkseigener Betrieb
Verf.	Verfassung
vgl.	vergleiche
z. B.	zum Beispiel
ZGB	Zivilgesetzbuch
ZRP	Zeitschrift für Rechtspolitik
z. T.	zum Teil

Einleitung

„Noch suchen die Juristen eine Definition zu ihrem Begriff vom Recht." So lautet ein Spottwort Kants, das unverändert Geltung besitzt.[1] Von einer solchen Definition ist zu fordern, daß sie alle wesentlichen, das Recht kennzeichnenden und von anderen sozialen Erscheinungen unterscheidenden Merkmalen einzubeziehen vermag.[2] Entsprechende Versuche sind bisher zumeist daran gescheitert, daß jeweils nur einzelne Aspekte des Rechts betrachtet wurden, andere wesentliche Eigenschaften aber unberücksichtigt blieben. Die Schwierigkeiten liegen darin begründet, daß das Recht ein vielschichtiges soziales Phänomen ist, dessen wissenschaftliche Untersuchung unter den verschiedensten Gesichtspunkten nützlich und fruchtbar ist.[3] Mit einiger Berechtigung kann daher die Frage gestellt werden, ob die Erstellung eines einheitlichen, umfassenden Rechtsbegriffs überhaupt möglich ist. Dabei ist dieses Anliegen nicht nur von theoretischem Interesse. Denn die Frage nach dem Wesen des Rechts stellt sich nicht nur dem Rechtstheoretiker, sondern auch dem Rechtspolitiker und dem Rechtsanwender.

Der Rechtspolitiker hat eine Konzeption für ein bestimmtes Gesetzesvorhaben zu entwerfen; eine Aufgabe, die nur angemessen zu bewältigen ist, wenn sich die entworfenen Normen in das vorhandene, abgestimmte und geordnete System rechtlicher Regelungen einfügen lassen. Das setzt voraus, daß die dem vorhandenen System zugrunde liegende Rechtskonzeption beachtet wird, d. h. die alle Rechtsnormen zu einem System verbindenden Merkmale erkannt werden.[4] Der Rechtsanwender

---

[1] Das wird eindrucksvoll durch einen Sammelband dokumentiert, in dem 23 Beiträge zu diesem Thema zusammengefaßt sind, vgl. *W. Maihofer* (Hrsg.), Begriff und Wesen des Rechts, Darmstadt 1973.

[2] Vgl. dazu *K. Engisch*, Auf der Suche nach der Gerechtigkeit, München 1971, S. 17 f.; *R. Zippelius*, Rechtsphilosophie, München 1982, S. 1.

[3] In methodologischer Hinsicht wird diese Vielschichtigkeit durch das Vorhandensein verschiedener Zweigwissenschaften zur Rechtswissenschaft dokumentiert. Zur Abgrenzung zwischen Rechtsphilosophie, Rechtstheorie und Rechtssoziologie, vgl. *R. Dreier*, Recht — Moral — Ideologie, Frankfurt/M. 1981, S. 17 ff.; zur erforderlichen Reintegration der einzelnen Wissenschaftsdisziplinen *W. Krawietz*, Juristische Entscheidung und wissenschaftliche Erkenntnis. Eine Untersuchung zum Verhältnis von dogmatischer Rechtswissenschaft und rechtswissenschaftlicher Grundlagenforschung, Wien/New York 1978.

[4] Vgl. *V. Petev*, Zum Begriff des Rechts in bürgerlicher und marxistischer Sicht, Rechtstheorie 1976, S. 53—58, 53.

hat den Inhalt einzelner vorhandener Rechtsnormen durch deren Auslegung zu ermitteln.

Auch eine solche erkenntnistheoretische Aufgabe hat vor dem Hintergrund der der konkreten Rechtsnorm zugrunde liegenden Rechtskonzeption zu erfolgen. Anderenfalls stünde die Bestimmung des Gehalts der Rechtsnormen, insbesondere bei der Verwendung von Generalklauseln und unbestimmten Rechtsbegriffen, deren Sinngehalt sich nicht aus dem Wortlaut der Normen schließen läßt, im Belieben des betreffenden Rechtsanwenders.

In Anbetracht der aufgezeigten Schwierigkeiten bei der Begriffsbestimmung verdient es besonderes Interesse, wenn eine soziale Epoche ihr Rechtsverständnis in einer der erhobenen Forderung nach Allseitigkeit entsprechenden Weise neu zu begründen sucht. Der marxistisch-sozialistische Rechtsbegriff, der gegenwärtig die Grundlage der rechtstheoretischen Diskussion in den osteuropäischen Staaten bildet, erhebt den Anspruch, dieses Allseitigkeitspostulat zu erfüllen.[5]

Es ist das Ziel der folgenden Untersuchung — ausgehend von den maßgeblichen rechtstheoretischen Werken in der UdSSR und der DDR[6] — die für den sozialistischen Rechtsbegriff aufgeführten Merkmale einer kritischen Analyse zu unterziehen. Die Zugrundelegung dieser Werke erscheint angesichts ihres offiziellen Charakters, den sie durch das für die genannten Staaten repräsentative Verfasserkollektiv und die Herausgeberinstitution erfahren haben, gerechtfertigt. Zudem handelt es sich um Lehrbücher, die als allgemein anerkanntes Lehrgut anzusehen sind.

Voraussetzung für eine sinnvolle Kritik des marxistisch-sozialistischen Rechtsbegriffs ist die Analyse seiner theoretischen Grundlagen.[7]

---

[5] Grundlegend dazu ist eine Äußerung Lenins: „Um einen Gegenstand wirklich zu erkennen, muß man alle seine Seiten, alle Zusammenhänge und ‚Vermittlungen' erfassen und erforschen. Wir werden das niemals vollständig erreichen, die Forderung der Allseitigkeit wird uns aber vor Fehlern und vor Erstarrung bewahren." Vgl. *W. I. Lenin*, zitiert bei *R. Dreier* (Anm. 3), S. 245. Vgl. auch *A. Büllesbach*, Systemtheoretische Ansätze und ihre Kritik, in: A. Kaufmann / W. Hassemer (Hrsg.), Einführung in die Rechtsphilosophie und Rechtstheorie der Gegenwart, 3. Aufl. Heidelberg/Karlsruhe 1981, S. 235 ff.

[6] Vgl. Marxistisch-leninistische Staats- und Rechtstheorie, Lehrbuch, hrsg. vom Institut für Theorie des Staates und des Rechts der Akademie der Wissenschaften der DDR, 3. Aufl. Berlin (Ost) 1980 (im folgenden durchgehend zitiert als *MLSR*); Marxistisch-leninistische allgemeine Theorie des Staates und des Rechts, Bd. I, Grundlegende Institute und Begriffe, dt. Ausg. der im Jahre 1970 erschienenen russischen Originalausgabe, Berlin (Ost) 1974 (im folgenden durchgehend zitiert als *AllThSR I*); Marxistisch-leninistische allgemeine Theorie des Staates und des Rechts, Bd. IV, Das sozialistische Recht, dt. Ausg. der im Jahre 1973 erschienenen russischen Originalausgabe, Berlin (Ost) 1976 (im folgenden durchgehend zitiert als *AllThSR IV*).

[7] Vgl. schon *S. Mampel*, Die Auffassung des dialektischen und historischen Materialismus vom Recht, ROW 1960, S. 53—59, 59. Eine weitere Möglichkeit,

Mit diesem Ziel folgt der Aufbau der Untersuchung der üblichen Unterscheidung zwischen formalen und inhaltlichen Begriffselementen.[8] Unter formalen Elementen sind diejenigen zu verstehen, die das Recht in seiner logischen Struktur zu erfassen suchen, wie Normativität, Verbindlichkeit, Positivität, Zwangscharakter. Die inhaltlichen Elemente sind diejenigen, die den allgemeinen sozialen Gehalt des Rechts ausmachen, wie Interessen und Wertvorstellungen relevanter sozialer Gruppen. Vorangestellt wird der Untersuchung ein Überblick über die geschichtliche Entwicklung des marxistisch-sozialistischen Rechtsbegriffs.

In methodologischer Hinsicht sind — wie allgemein in der Ostrechtsforschung[9] — bestimmte Grundregeln zu beachten:

1. Die Untersuchung berücksichtigt, daß sich die Wissenschaftssprache in den osteuropäischen Staaten grundlegend von derjenigen in westeuropäischen Staaten unterscheidet. Auch wo dieselben Begriffe verwendet werden, bedeuten sie häufig nicht dasselbe.[10]

2. Die Untersuchung beschränkt sich auf eine kritische Stellungnahme zu der Rechtsauffassung, wie sie in der UdSSR und der DDR vertreten wird. Sie berücksichtigt nicht die Spezifika anderer sozialistischer Staaten — etwa Jugoslawiens. Rechtstheoretische Werke aus anderen sozialistischen Staaten wurden nur insoweit herangezogen, als sie auch für die in der UdSSR und der DDR vertretene Auffassung repräsentativ sind.

---

nämlich den Rechtsbegriff daraufhin zu überprüfen, ob er ein adäquates Abbild der geschriebenen oder verwirklichten Rechtsordnung darstellt, ist weniger erfolgversprechend, da sich eine solche Untersuchung jeweils nur auf Teilbereiche der Rechtsordnung beziehen könnte. Bei aufgedeckten Widersprüchen zwischen Anspruch und Wirklichkeit könnte vom sozialistischen Standpunkt aus zudem mit dem Hinweis auf das Vorhandensein eines dialektischen, d. h. im Gang der geschichtlichen Entwicklung begründeten Widerspruchs entgegnet werden.

[8] Hierzu *V. Petev* (Anm. 4), S. 55.

[9] Vgl. *D. Frenzke,* Was ist „sozialistisches" Recht? OER 1977, S. 55—79.

[10] Z. B. führt die Parteilichkeit der Rechtsnormen im sozialistischen Rechtssystem dazu, daß unter der Unabhängigkeit des Richters etwas anderes zu verstehen ist als nach westlich-demokratischer Auffassung, vgl. dazu *S. Mampel* (Anm. 7), S. 58.

Erster Abschnitt

Historische Entwicklung des marxistisch-sozialistischen Rechtsbegriffs

Für die gesamte rechtstheoretische Entwicklung im kommunistischen Rußland war das Bemühen kennzeichnend, den Rechtsbegriff sowohl in Übereinstimmung mit tagespolitischen Erfordernissen als auch mit den Lehren von Marx und Engels zu definieren. Dabei kam den sowjetischen Wissenschaftlern der Umstand entgegen, daß in den Lehren der Klassiker ein marxistischer Rechtsbegriff nur implizit enthalten ist.[1] Marx' Hauptanliegen bestand darin, eine vollständige Analyse der kapitalistischen Gesellschaft zu entwerfen. Die Probleme des Rechts interessierten ihn dabei nur am Rande[2]. Vielfach wurden die unzureichenden Äußerungen der Klassiker so interpretiert, daß sie bestimmte rechtspolitische Entscheidungen zu rechtfertigen vermochten. Der Rechtsbegriff wurde dann weder als das Ergebnis einer mühsamen Analyse des konkret vorhandenen Gesetzesmaterials, noch als angemessene Fortentwicklung der Klassiker, sondern von der kommunistischen Partei im Sinne ihrer Politik definiert.[3]

Die in verhältnismäßig schneller Folge entwickelten unterschiedlichen Theorien über das Wesen und den Begriff des Rechts können daher als ein Spiegelbild der sich wandelnden politischen Machtverhältnisse im kommunistischen Rußland betrachtet werden.

---

[1] Reich betrachtet diese Auffassung als ein Vorurteil, das immer noch durch die Diskussion um die allgemeine Rechtstheorie spukt, vgl. *N. Reich*, Marxistische Rechtstheorie, Recht und Staat, Heft 420/421, Tübingen 1973, S. 3; wie hier: *K. Stoyanovitch*, Marxisme et droit, Paris 1964, S. 17; *R. Marcic*, Rechtsphilosophie, Freiburg 1969, S. 88; *A. Kaufmann*, Rechtstheorie im Wandel: Stationen eines Weges, Frankfurt/M. 1972, S. 371.

[2] Marx' wesentlichste Aussagen über das Recht sind im „Vorwort zur Kritik der politischen Ökonomie" und in der „Kritik des Gothaer Programms" enthalten.

[3] Vgl. *A. Bilinsky*, Die Entwicklung des Rechtsbegriffs in der Sowjetunion, Jahrb. f. Ostr. 1962, Bd. II/1, S. 69—108, 69; zu Anspruch und Wirklichkeit in der marxistischen Rechtstheorie *D. Pfaff*, Die Entwicklung der sowjetischen Rechtslehre, Köln 1968.

§ 1 Der „Rechtsbegriff" bei Marx und Engels

Die Rechtsauffassung von Marx und Engels läßt sich nur aus dem historischen Materialismus, insbesondere dessen Lehre von Basis und Überbau rekonstruieren. In dieser Lehre spiegelt sich Marx' kritische Einstellung gegenüber der zu seiner Zeit herrschenden preußischen Staatsphilosophie — der Geistesphilosophie Hegels — wider.[4]

Im Gegensatz zu Hegel, der einen idealistischen Rechtsbegriff vertrat,[5] nahmen Marx und Engels einen materialistischen Standpunkt ein: Staat und Recht sind danach nur historische Produkte einer gegebenen Gesellschaftsformation, die durch die materiellen Lebensverhältnisse — die ökonomische Basis — hervorgebracht werden und als Bestandteil des sich darüber erhebenden ideologischen[6] Überbaus von dieser Basis abhängig sind.

Als Basis wird die ökonomische Struktur der Gesellschaft, die Gesamtheit der Produktions- und Klassenverhältnisse bezeichnet, die einer bestimmten Entwicklungsstufe der materiellen Produktivkräfte entspricht.[7] Alle gesellschaftlichen Verhältnisse werden auf die Tatsache der Produktion und des Austausches von Gütern zurückgeführt. Die Menschen sind zur Befriedigung ihrer materiellen Bedürfnisse darauf angewiesen, zu produzieren und die erzeugten Produkte untereinander auszutauschen.[8] Die Produktion erfolgt durch Produktivkräfte. Hierzu zählen die Natur als sachlich-gegenständliche Produktivkraft (Ackerland, Bodenschätze, Rohstoffe) und der Mensch als subjektive Produktivkraft. Die Art und Weise der Produktion wird durch die Produktionsfaktoren (zunächst einfache Werkzeuge, später Maschinen, inzwischen Industrieroboter) bestimmt. Aus der Verbindung der Produktivkräfte mit den Produktionsfaktoren bilden sich die Produktionsverhältnisse als die durch den Tausch der erzeugten Güter entstehenden Beziehungen. Die Produktionsverhältnisse sind die das gesamte geschichtliche Handeln der Menschen bestimmenden Verhältnisse. Da ihr

[4] *K. Marx*, Zur Kritik der Hegelschen Rechtsphilosophie, MEW (Marx/Engels, Werke, Berlin [Ost] 1964—1967), Bd. 1, S. 378 ff.; zur Hegelkritik ausführlich *W. Paul*, Marxistische Rechtstheorie als Kritik des Rechts, Frankfurt/M. 1974, S. 86 ff.

[5] *G. W. Hegel*, Grundlinien der Philosophie des Rechts, Neudruck, Leipzig 1930, S. 48. Die Grundlage des Hegelschen Rechtsbegriffs bildet die Willensfreiheit. Staat und Recht sind danach das Resultat einer vom autonomen gesellschaftlichen Willen beeinflußten vernünftigen Rechtsidee.

[6] „Ideologie" wird im folgenden als das System der gesellschaftlichen Anschauungen verstanden, die bestimmte Klasseninteressen zum Ausdruck bringen.

[7] *K. Marx*, Vorwort zur Kritik der politischen Ökonomie, MEW, Bd. 13, S. 9.

[8] *K. Marx*, Das Kapital, Erster Band, MEW, Bd. 23, S. 193.

Charakter durch den von Willen und Bewußtsein unabhängigen[9] Entwicklungsstand der Produktivkräfte bestimmt wird, stellt sich nach Marx und Engels die gesamte geschichtliche Entwicklung als ein naturnotwendiger, gesetzmäßiger Prozeß dar, in welchem mit der Entstehung einer neuen Produktionsweise notwendig auch eine neue Formation gesellschaftlicher Verhältnisse entsteht.

Staat und Recht werden von Marx und Engels als ideologische Erscheinungen dem Überbau zugeordnet. Er soll sich dadurch von der Basis unterscheiden, daß seine Erscheinungen im Willen und Bewußtsein der Menschen ihren Ursprung haben. Wille und Bewußtsein sind ihrerseits aber durch die ökonomische Basis bestimmt. Der Überbau entsteht also nicht aufgrund eines autonomen, freien, vernünftigen Willens im Sinne der Geistespilosophie Hegels, sondern als abgeleitetes, sekundäres, durch die ökonomische Basis determiniertes soziales Gebilde.[10] Der Inhalt des Rechts ist immer bereits durch die ökonomischen Verhältnisse vorgegeben.[11] Marx hat diesen Determinationszusammenhang im „Vorwort zur Kritik der politischen Ökonomie" zusammengefaßt.[12]

> „In der gesellschaftlichen Produktion ihres Lebens gehen die Menschen bestimmte notwendige, von ihrem Willen unabhängige Verhältnisse ein, Produktionsverhältnisse, die einer bestimmten Entwicklungsstufe ihrer materiellen Produktivkräfte entsprechen. Die Gesamtheit dieser Produktionsverhältnisse bildet die ökonomische Struktur der Gesellschaft, die reale Basis, worauf sich ein juristischer und politischer Überbau erhebt, und welcher bestimmte gesellschaftliche Bewußtseinsformen entsprechen. Die Produktionsweise des materiellen Lebens bedingt den sozialen, politischen und geistigen Lebensprozeß überhaupt. Es ist nicht das Bewußtsein der Menschen, das ihr Sein, sondern umgekehrt ihr gesellschaftliches Sein, das ihr Bewußtsein bestimmt. Auf einer gewissen Stufe ihrer Entwicklung geraten die materiellen Produktivkräfte der Gesellschaft in Widerspruch mit den vorhandenen Produktionsverhältnissen oder, was nur ein juristischer Ausdruck dafür ist, mit den Eigentumsverhältnissen, innerhalb derer sie sich bisher bewegt hatten ... Mit der Veränderung der ökonomischen Grundlage wälzt sich der ganze ungeheure Überbau langsamer oder rascher um."

[9] *K. Marx*, Brief an P. W. Annenkow vom 28. Dezember 1846, MEW, Bd. 27, S. 452 f.; ders., Das Elend der Philosophie, MEW, Bd. 4, S. 140.

[10] Neben Staat und Recht sind hier auch alle anderen gesellschaftlichen Erscheinungen zu nennen, die dem menschlichen Bewußtsein entstammen, z. B. Religion, Politik, Philosophie, Kunst, Wissenschaft.

[11] Vgl. die oben (Anm. 9) gegebenen Nachweise, sowie *K. Marx / F. Engels*, Deutsche Ideologie, MEW, Bd. 3, S. 311.

[12] *K. Marx* (Anm. 7), S. 9 f. Die mißverständliche Formulierung, wonach die Produktionsverhältnisse nichts anderes darstellen als die Eigentumsverhältnisse, hat bei Stučka dazu geführt, daß er das Recht als Bestandteil der Basis auffaßte.

Mit der Annahme eines Determinationszusammenhanges zwischen Ökonomie und Recht wandten sich Marx und Engels gegen alle idealistischen und naturrechtlichen Auffassungen, die sich auf bestimmte Gerechtigkeitsvorstellungen oder ethische Grundanschauungen stützen. Was den inhaltlichen Aspekt des Rechts anbelangt, haben die Klassiker also einen „monistisch-materialistischen" Standpunkt eingenommen.[13] Die dargestellte Verknüpfung von Ökonomie und Recht hat einen bis dahin nicht genügend beachteten Zusammenhang aufgedeckt. Auch gegenwärtig kommt keine juristische Theorie daran vorbei, die ökonomischen Voraussetzungen ihrer Aussage mitzuberücksichtigen.[14]

Allerdings hat Engels nach Marx' Tod dazu beigetragen, daß wesentliche Aussagen des historischen Materialismus entstellt worden sind.[15]

Marx hat das Verhältnis von Basis und Überbau einseitig im Sinne der ausschließlichen Determination des Rechts durch die Basis interpretiert: „Das Recht kann nie höher sein als die ökonomische Gestaltung und die dadurch bedingte Kulturentwicklung der Gesellschaft."[16] Die Frage, ob das Recht selbst verändernd auf die Basis einwirken kann, hätte Marx von seinem „monistisch-materialistischen" Standpunkt aus verneinen müssen.

Engels hat sich dagegen bereits in der Schrift „Zur Wohnungsfrage" zu der Auffassung bekannt, daß das Recht auch regulierend und verändernd auf die Produktionsverhältnisse einzuwirken vermag.[17] Unter dem Eindruck zunehmender Kritik hat er das Verhältnis von Basis und Überbau als echtes „Wechselverhältnis" angesehen: „Die verschiedenen Momente des Überbaus (Form des Klassenkampfes, Verfassungen, Rechtsformen, politische, juristische, philosophische Theorien) üben auch ihre Einwirkung auf den Verlauf der geschichtlichen Kämpfe aus und bestimmen in vielen Fällen vorwiegend deren Form."[18] Der Überbau

---

[13] Vgl. *V. Petev*, Kritische Punkte der marxistischen Rechtskonzeption, Beitrag zum Weltkongreß für Rechts- und Sozialphilosophie, Basel 1979, ARSP 1982, Supplementa Vol. I, part 2, S. 441—457, 442.

[14] *Th. Raiser*, Einführung in die Rechtssoziologie, 2. Aufl., Berlin 1973, S. 56.

[15] Wie hier: *W. Maihofer*, Demokratie im Sozialismus, Recht und Staat im Denken des jungen Marx, Frankfurt/M. 1968, S. 45; *H. Dahlke*, Karl Marx über das Wesen des Rechts, Diss. Frankfurt/M. 1959, S. 59 f.; *H. Kelsen*, The communist theory of Law, London 1955, S. 12.

[16] *K. Marx*, Kritik des Gothaer Programms, MEW, Bd. 19, S. 21.

[17] Vgl. *F. Engels*, Zur Wohnungsfrage, MEW, Bd. 18, S. 276: „Auf einer gewissen, sehr ursprünglichen Entwicklungsstufe der Gesellschaft stellt sich das Bedürfnis ein, die täglich wiederkehrenden Akte der Produktion, der Verteilung und des Austausches unter eine gemeinsame Regel zu fassen, dafür zu sorgen, daß der einzelne sich den gemeinsamen Bedingungen der Produktion und des Austausches unterwirft. Diese Regel, zuerst Sitte, wird bald Gesetz."

[18] *F. Engels*, Brief an J. Bloch vom 21. September 1890, MEW, Bd. 37, S. 463.

entfalte eine relative Selbständigkeit gegenüber der Basis und wirke auf diese zurück; die ökonomische Basis sei nur das in letzter Instanz bestimmende Moment für den Überbau.[19] Es wird sich im Verlauf der weiteren Untersuchung zeigen, daß diese Bemerkungen Engels in den sozialistischen Staaten eine „Überinterpretation"[20] erfahren haben und gegenwärtig wesentlich zur Legitimation der relativ traditionsbewußten Rechtsordnungen dieser Staaten beitragen.

Die durch die Basis-Überbau-Lehre bezogene materialistische Position zum Recht wird durch die Klassentheorie[21] um zwei weitere Aspekte ergänzt: Sie enthält sowohl eine soziologische Klassifikation des Rechts — als Willensausdruck der herrschenden Klasse — als auch eine prinzipielle Kritik an Inhalt und Form des Rechts der bürgerlichen Gesellschaft.

Die Spaltung der Gesellschaft in verschiedene soziale Klassen ist nach Marx und Engels eine Folge des zunehmenden Widerspruchs zwischen den sich mehr und mehr spezialisierenden Produktivkräften und dem Eigentum an den Produktionsmitteln. In der Urgemeinschaft sind die Produktionsmittel noch gemeinschaftliches Eigentum der Menschen gewesen. Der geringe Wirkungsgrad der Produktivkräfte, der den Menschen über hunderte von Jahren keinen Überschuß über das zum Leben Notwendige sicherte, zwang zur gleichmäßigen Verteilung und gemeinschaftlichen Konsumtion der Arbeitsergebnisse. Mit der Vervollkommnung der Produktivkräfte — der Trennung von Ackerbau und Viehzucht und der allmählichen Entstehung kleiner Handwerksbetriebe — kam es zu einer bedeutenden Steigerung der Arbeitsproduktivität. Die Menschen produzierten fortan regelmäßig mehr, als für ihre eigene Reproduktion notwendig war. Erstmals in der Geschichte entstand die Möglichkeit und Notwendigkeit, die produzierten Güter im Rahmen der gesellschaftlichen Arbeitsteilung untereinander auszutauschen.

Die folgende Entwicklung der gesellschaftlichen Arbeitsteilung zersetzte die auf dem Gemeineigentum der Produktionsmittel beruhende Urgesellschaft. An die Stelle des gemeinschaftlichen Eigentums trat das Privateigentum. Wegen der unterschiedlichen Produktivität der individuellen Arbeitskraft bildete sich die Möglichkeit der Aneignung des Mehrprodukts fremder Arbeit durch die Eigentümer der Produktionsmittel. Die durch die Identität von Arbeit und Eigentum charakteri-

---

[19] *F. Engels*, S. 463: „Nach materialistischer Geschichtsauffassung ist das in letzter Instanz bestimmende Moment in der Geschichte die Produktion und Reproduktion des wirklichen Lebens."

[20] *N. Reich*, Sozialismus und Zivilrecht, Frankfurt/M. 1972, S. 37. Vgl. dazu noch unten § 12 II 2.

[21] Die Marxsche Klassentheorie geht auf L. v. Stein zurück, vgl. *J. Plenge*, Marx und Hegel, Tübingen 1911, S. 65 f.

sierten Produktionsverhältnisse in der Urgemeinschaft wurden nun für Jahrtausende durch Produktionsverhältnisse ersetzt, die auf der Trennung der Produzenten von dem Eigentum an den Produktionsmitteln beruhen, was seinen äußeren Ausdruck in der Spaltung der Gesellschaft in Ausbeuter und Ausgebeutete fand.[22]

Dem Klassencharakter der Gesellschaft entsprechen der Wille und das Bewußtsein ihrer Mitglieder. Diejenige Klasse, die über die Mittel zur materiellen Produktion verfügt — die herrschende Klasse —, verfügt damit zugleich über die Mittel zur geistigen Produktion. In jeder geschichtlichen Epoche ist daher das Bewußtsein der herrschenden Klasse das herrschende — richtige — Bewußtsein.

Im Rahmen dieses Verhältnisses von Gesellschaft und Bewußtsein wird das Recht ausschließlich als Instrument der herrschenden Klasse zur Erhaltung und zum Schutze ihrer Interessen angesehen.[23] Wie Marx' Analyse der kapitalistischen Gesellschaft ergab, ist das Recht in dieser Gesellschaftsformation darauf gerichtet, die bestehenden — ungerechten — Eigentumsverhältnisse aufrechtzuerhalten.[24]

Die Klassentheorie erbrachte für Marx und Engels nicht nur eine inhaltliche Kritik am Recht der bürgerlichen Gesellschaft, sondern auch den Schluß auf die historische Bedingtheit der Rechtsform überhaupt. Die Entstehung des Rechts — als Instrument der Klassenherrschaft — ist danach erst eine Folge der Spaltung der Gesellschaft in antagonistische Klassen gewesen. Nach der Marxschen Geschichtsutopie werden Staat und Recht daher „absterben", wenn die antagonistischen Klassengegensätze innerhalb der Gesellschaft beseitigt sind. Dieser Zustand der klassenlosen Gesellschaft wird sich nach Marx als ebenso notwendige Folge der geschichtlichen Entwicklung ergeben wie die Entstehung der klassenantagonistischen Gesellschaft. Denn die sich fortentwickelnden Produktivkräfte treten auf einer bestimmten Stufe der geschichtlichen Entwicklung mit den vorhandenen Produktionsverhältnissen in Widerspruch. Die jeweils herrschende Klasse verteidigt dann die bestehenden Produktionsverhältnisse, die ja die Bedingungen ihrer Existenz als herrschender Klasse sind. Die unterdrückte Klasse kämpft dagegen für die Beseitigung dieser überholten Produktionsverhältnisse. Aus diesem unversöhnlichen Gegensatz der Klasseninteressen entsteht als unvermeidliche Folge ein erbitterter Klassenkampf, in dessen Verlauf die neuen Produktivkräfte — zumeist auf revolutionärem Wege —

[22] *K. Marx* (Anm. 16), S. 21.

[23] *K. Marx*, Manifest der kommunistischen Partei, MEW, Bd. 4, S. 477.

[24] *K. Marx*, S. 477: „Eure Ideen sind die Erzeugnisse der bürgerlichen Produktions- und Eigentumsverhältnisse, wie euer Recht nur der zum Gesetz erhobene Wille eurer Klasse ist, ein Wille, dessen Inhalt gegeben ist, in den materiellen Lebensbedingungen eurer Klasse."

die überholten Produktionsverhältnisse überwinden.[25] Damit vollzieht sich der Übergang zu einer neuen sozialökonomischen Formation.

Auf diese Weise sollen im Verlaufe der geschichtlichen Entwicklung insgesamt fünf Gesellschaftsformationen entstehen:

Die Urgemeinschaft, in der es noch kein Privateigentum und folglich auch keine Klassengegensätze gab, bildet den Ausgangspunkt der geschichtlichen Entwicklung. Nacheinander entstanden darauf die auf dem Privateigentum beruhenden klassenantagonistischen Formationen: Sklavenhaltergesellschaft, Feudalismus und Kapitalismus. Der Kapitalismus ist die am höchsten entwickelte Form der Klassengesellschaft. Er wird nach den Lehren der Klassiker durch die „proletarische Revolution" überwunden werden. In der kommunistischen Endgesellschaft, deren Errichtung die proletarische Revolution verfolgt, werden das Privateigentum durch Gemeineigentum ersetzt und die Klassengegensätze aufgehoben sein. In dieser Gesellschaftsformation, in der die Verteilung der produzierten Güter nach den individuellen Bedürfnissen des einzelnen erfolgt, sollen Staat und Recht als Verteilungs- und Ordnungssysteme entbehrlich sein.[26]

Die revolutionäre Umgestaltung der Klassengesellschaft zur klassenlosen Gesellschaft soll sich aber nur allmählich vollziehen:[27]

> „Zwischen der kapitalistischen und der kommunistischen Gesellschaft liegt die Periode der revolutionären Umgestaltung der einen in die andere. Dieser entspricht auch eine politische Übergangsperiode, deren Staat nichts anderes sein kann, als die revolutionäre Diktatur des Proletariats."

In dieser Übergangsperiode soll auf Staat und Recht als Regelungsinstrumente noch nicht verzichtet werden können. Form und Inhalt des Rechts während dieser Periode wurden von Marx und Engels aber nur sehr unzureichend beschrieben.

Aus der oben zitierten Schrift „Kritik des Gothaer Programms" können einige Aussagen lediglich rekonstruiert werden.[28] Danach ist in der Übergangsperiode zwar das Privateigentum an den Produktionsmitteln abgeschafft. Zur Regelung der Verteilung der produzierten Güter bleibt das bürgerliche Recht aber bestehen. Die bürgerlichen Produktionsverhältnisse sind überwunden, das Recht ist aber noch mit einer „bürgerlichen Schranke" behaftet. Es übernimmt den bürgerlichen Verteilungsmaßstab der formalen Gleichheit, wonach jeder nach seiner Arbeitsleistung entlohnt wird.[29] Dagegen hat das Recht in der

---

[25] *K. Marx / F. Engels* (Anm. 11), S. 37 f.

[26] *K. Marx* (Anm. 16), S. 21.

[27] *K. Marx,* S. 21.

[28] Vgl. dazu *N. Reich* (Anm. 20), S. 43 ff.

[29] *K. Marx* (Anm. 16), S. 20 f.: Das Recht der Übergangsperiode „erkennt

Übergangsperiode seine ursprüngliche Funktion als Instrument der Klassenherrschaft bereits überwunden. Es dient nicht mehr der Ausbeutung, sondern nur noch der „Niederhaltung der Gegner".[30]

§ 2 Die Entwicklung in den Jahren des Kriegskommunismus (1917—1921) und der Phase der Neuen Ökonomischen Politik (NÖP 1921—1928)

Am 7. November 1917 war die „proletarische Revolution" in Rußland vollzogen. In den ersten Monaten ihrer Regierungszeit schaffte die von Lenin geführte Revolutionsregierung das vorrevolutionäre Rechtssystem ab.[31] Der bis dahin auf dem Privateigentum und dem Warenaustausch beruhende bürgerliche Rechtsbegriff wurde in den Jahren des Kriegskommunismus zunächst zugunsten einer vollkommenen Rechtsanarchie im Sinne der von Marx ausgegebenen Losung, daß der „enge bürgerliche Rechtshorizont" zu überwinden sei,[32] ersetzt.

Die sich in dieser und der nachfolgenden NÖP-Zeit vollziehende rechtstheoretische Entwicklung war zwar bemüht, die Marxsche Theorie mit den auftretenden Problemen der Praxis in Übereinstimmung zu bringen. Da die Revolutionslehre der Klassiker aber keine praktische Anleitung zum Aufbau eines proletarischen Staates enthielt, nahm Lenin eine auf seine politische Macht gestützte „Entwicklung"[33] des

---

keine Klassenunterschiede an, weil jeder nur Arbeiter ist wie der andere; aber es erkennt stillschweigend die ungleiche individuelle Begabung und daher Leistungsfähigkeit der Arbeiter als natürliche Privilegien an. Es ist daher ein Recht der Ungleichheit, seinem Inhalt nach, wie alles Recht". Unter dem Gleichheitsgesichtspunkt kommen entgegen der materialistischen Grundauffassung doch bestimmte Gerechtigkeitsvorstellungen in der Marxschen Kritik am Gothaer Programm zum Ausdruck, vgl. dazu *A. Rappoport,* Die marxistische Rechtsauffassung, Diss. Riga 1927, in: N. Reich (Hrsg.), Marxistische und sozialistische Rechtstheorie, Frankfurt/M. 1972, S. 151.

[30] *F. Engels,* Brief an Bebel vom 18. März 1975, MEW, Bd. 19, S. 7.

[31] Vgl. zur Rechtsentwicklung in den Jahren des Kriegskommunismus und der anschließenden NÖP-Zeit *N. Reich,* Oktoberrevolution und Recht, KJ 1971, S. 131—147; *F. Gjupanovich,* Das Rechtssystem der Sowjetunion, OER 1972, S. 125—145; *W. Meder,* Das Sowjetrecht, Grundzüge der Entwicklung, 1917—1970, Frankfurt/M. 1971; *A. Frh. Freytag-Loringhoven,* Die Gesetzgebung der russischen Revolution, Halle 1920; *I. W. Pawlow,* Die Entwicklung der sowjetischen Rechtswissenschaft im Verlauf von 40 Jahren, RID 1958, Sp. 97—117; *A. A. Plotnijeks,* Die Entwicklung der Auffassungen vom Wesen des sowjetischen Rechts (1917—1936), Sowjetwissenschaften 1980, S. 712—721.

[32] *K. Marx* (Anm. 16), S. 21.

[33] *V. I. Lenin,* Marx — Engels — Marxismus, Berlin (Ost) 1957, Bücherei des Marxismus-Leninismus, Bd. 50, S. 116: „... Wir betrachten die Theorie von Marx keineswegs als etwas Abgeschlossenes und Unantastbares; wir sind im Gegenteil davon überzeugt, daß sie nur das Fundament der Wissenschaft gelegt hat, die die Sozialisten nach allen Richtungen weiterentwickeln müssen, wenn sie nicht hinter dem Leben zurückbleiben wollen. Wir sind der Meinung, daß es für die russischen Sozialisten besonders notwendig ist, die

Marxismus vor. Er interpretierte die Lehre von der Überwindung der Klassengegensätze und der Errichtung einer Diktatur des Proletariats nicht als gesetzmäßigen Prozeß, sondern als Anleitung zum revolutionären Handeln. Es sei nicht abzuwarten, bis die Menschen sich auf einer bestimmten historischen Stufe ihrer Situation bewußt werden, sondern die „Avantgarde der Arbeiterklasse" — die von Lenin geführte kommunistische Partei — müsse ihr eigenes Bewußtsein gebrauchen und die Arbeiterklasse organisieren. Diese „Diktaturlehre" rechtfertigte nicht nur die Oktoberrevolution, sondern auch die führende Stellung der kommunistischen Partei, als der allein zur richtigen Erkenntnis der objektiven Gesetzmäßigkeiten berufenen und befähigten Institution.[34]

Darüber hinaus besteht Lenins rechtstheoretischer Beitrag in einer Beschreibung des Rechts der Übergangsperiode. In seiner Schrift „Staat und Revolution" greift er Marx' Gedanken aus der „Kritik des Gothaer Programms" auf:[35]

> „Somit wird in der ersten Phase der kommunistischen Gesellschaft (die gewöhnlich Sozialismus genannt wird) das „bürgerliche Recht" nicht vollständig abgeschafft, sondern nur zum Teil, nur entsprechend der bereits erreichten ökonomischen Umwälzung, d. h. lediglich in bezug auf die Produktionsmittel. Das „bürgerliche Recht" sieht in ihnen das Privateigentum einzelner Individuen. Der Sozialismus macht sie zum Gemeineigentum. Insofern — und nur insofern — fällt das „bürgerliche Recht" fort. Es bleibt jedoch in seinem anderen Teil bestehen, es bleibt als Regulator (Ordner) bei der Verteilung der Produkte und der Arbeit unter die Mitglieder der Gesellschaft."

Über die voraussichtliche Dauer, die das bürgerliche Recht fortbestehen wird, hat Lenin indes keine verbindlichen Angaben gemacht. Während die Klassiker von einer kurzen Übergangsperiode ausgingen,[36] handelt es sich nach Lenin bis zur vollständigen Entwicklung der kommunistischen Gesellschaft um einen „langwierigen Prozeß", der eine konkrete zeitliche Bestimmung des Absterbens von Staat und Recht unmöglich macht.[37]

Theorie von Marx selbständig weiterzuentwickeln, denn diese Theorie liefert lediglich die allgemeinen Leitsätze . . .".

[34] Die führende Rolle der kommunistischen Partei läßt sich in dem von Lenin postulierten Umfange durch die Lehren der Klassiker nicht begründen, vgl. *B. Meissner*, Die Rechtsstellung der KPdSU, Jahrb. f. Ostr. 1961, Bd. II/2, S. 7; allgemein zu diesem Problemkreis *K. Westen*, Die kommunistische Partei der Sowjetunion und der Sowjetstaat, Eine verfassungsrechtliche Untersuchung, Köln 1968.

[35] *V. I. Lenin*, Staat und Revolution, Werke, Bd. 17, S. 99.

[36] *K. Marx* (Anm. 16), S. 21.

[37] *V. I. Lenin* (Anm. 35), S. 88.

I. Der Rechtsbegriff P. I. Stučkas

Stučka war als erster Justizkommissar des Sowjetregimes nach der Oktoberrevolution und später als Präsident des obersten Gerichts der Russischen Sozialistischen Föderativen Sowjetrepublik (RSFSR) mehr als Lenin damit befaßt, das neue Rechtssystem auf der Grundlage der Lehren der Klassiker überzeugend zu begründen.[38]

Im Jahre 1919 wirkte er an den Beratungen der Strafrechtsgrundsätze mit, die auf sein Betreiben mit einer allgemeinen Rechtsdefinition beginnen:[39]

„Das Recht ist ein System (oder eine Ordnung) von gesellschaftlichen Verhältnissen, das den Interessen der herrschenden Klasse entspricht und von der organisierten Gewalt dieser Klasse geschützt wird."

Später hat Stučka hervorgehoben, daß dieser allgemeine Rechtsbegriff mit dem des Zivilrechts fast vollständig übereinstimmt.[40]

Die Bezeichnung des Rechts als System gesellschaftlicher Verhältnisse hat Stučka in seinem rechtstheoretischen Hauptwerk „Die revolutionäre Rolle von Staat und Recht"[41] präzisiert. Dort unterscheidet er drei verschiedene Ebenen des Rechtsbegriffs:[42]

Eine konkrete Form des Rechts bilden die Eigentumsverhältnisse und die von ihnen abgeleiteten Beziehungen des Warenaustausches. Stučka ordnet das Recht insoweit — anders als die Klassiker — nicht dem Überbau, sondern der Basis zu. Das Recht ist in seiner konkreten Form nichts anderes als die Organisationsform eben dieser Basis.[43]

Unklar bleibt aber, inwieweit sich die „Rechtsverhältnisse" von den übrigen gesellschaftlichen Verhältnissen unterscheiden. Der in der Definition enthaltene Hinweis auf den Schutz der organisierten Gewalt der herrschenden Klasse gibt hierüber keinen Aufschluß, da eine Analyse der Formen, in denen die Gewalt der herrschenden Klasse wirksam wird, in der Rechtslehre Stučkas unterbleibt.[44]

---

[38] Zu Leben und Werk Stučkas *D. A. Loeber*, Unbewältigte Vergangenheit im sowjetischen Zivilrecht. Zur Auseinandersetzung um das wissenschaftliche Erbe Peter I. Stučkas, in: Macht und Recht im kommunistischen Herrschaftssystem, Köln 1965, S. 129 ff.; *N. Reich*, Einleitung in: *P. I. Stučka*, Die revolutionäre Rolle von Recht und Staat, Frankfurt/M. 1969, S. 20 ff.

[39] *P. I. Stučka* (Anm. 38), S. 65.

[40] *P. I. Stučka*, S. 72.

[41] *P. I. Stučka*, S. 72. Die erste russische Auflage ist im Jahre 1921 erschienen.

[42] *P. I. Stučka*, S. 116 ff.

[43] *W. Rosenbaum*, Zum Rechtsbegriff bei Stučka und Pašukanis, KJ 1971, S. 148—165, 150; *H. Kelsen* (Anm. 15), S. 62 f.

[44] *W. Rosenbaum*, S. 154; *Th. W. Bechtler*, Der soziologische Rechtsbegriff, Eine systematische Darstellung, Berlin 1977, S. 171.

Im Bereich des Überbaus ordnet Stučka die beiden abstrakten Formen der Rechtsverhältnisse — Gesetz und Ideologie — ein. Die Definition des Rechtsbegriffs enthält zwar keinen Hinweis auf diese Rechtsformen, in seinen Schriften widmet Stučka ihnen aber breiten Raum. Diese Unvollständigkeit ist nicht als Vernachlässigung, sondern als bewußt vorgenommene Abgrenzung gegenüber normativistischen Rechtsdefinitionen einzustufen. Denn als Vertreter eines soziologischen Standpunkts erschien es ihm wichtiger, sich den realen Beziehungen des Rechts zu widmen, als dessen Form als staatlich organisierter Zwang zu betonen. Einen vollständigen Verzicht auf die abstrakten Rechtsformen konnte Stučka, der in Lenins Gefolgschaft energisch gegen den in der Zeit von 1917 bis 1921 bestehenden Rechtsnihilismus kämpfte, indes nicht befürworten. Im Gegenteil würdigte er die Bedeutung der Rechtsnormen und rief zur Systematisierung und Kodifizierung der Sowjetgesetzgebung auf. Der später gegen Stučka erhobene Vorwurf, er habe das Recht auf die Produktionsverhältnisse reduziert und sei damit auf „vulgär-materialistische"[45] Positionen herabgesunken, ist daher nicht gerechtfertigt.

Nach Stučka hat das Gesetz gegenüber der Basis eine selbständige, revolutionäre Funktion. Es soll nicht bloß bereits vollzogene gesellschaftliche Verhältnisse widerspiegeln, sondern auch aktiv, verändernd auf die Produktionsverhältnisse einwirken können.[46]

Eine ähnliche Funktion wird der Ideologie als zweiter abstrakter Rechtsform zugeschrieben. Sie dient der Einbeziehung des Rechtsbewußtseins — des intuitiven Rechts — in den Rechtsbegriff und erhält selbständige Bedeutung als Sicherungsinstrument des Proletariats zur Beseitigung der Überreste der bürgerlichen Gesellschaft.

Gesetz und Ideologie erlangen bei Stučka also eine relativ selbständige Bedeutung gegenüber der Basis. In Anbetracht der späten Äußerungen Engels'[47] kann diese Auffassung allerdings noch nicht als Verfälschung der Klassiker angesehen werden.

Anders als Marx und Engels beurteilte Stučka aber Form und Inhalt des Rechts der Übergangsperiode. Er hielt es für ausgeschlossen, daß in der sozialistischen Gesellschaft das bürgerliche Recht fortbestehen könne. Das Recht existiere nach der proletarischen Revolution zwar als Klassenrecht fort; denn es seien noch nicht alle Klassenunterschiede beseitigt. Dieses „proletarische Recht" sei aber etwas qualitativ anderes als das überkommene bürgerliche Recht. Denn es regele die gesell-

---

[45] *A. J. Vyšinskij,* Fragen der Staats- und Rechtstheorie, 2. Aufl., Moskau 1949 (russ.), S. 30 ff., zitiert bei *D. Pfaff* (Anm. 3), S. 48, Fn. 19.

[46] *P. I. Stučka* (Anm. 38), S. 127 ff.

[47] Vgl. die unter Anm. 18 und 19 gegebenen Nachweise.

schaftlichen Beziehungen nicht durch Zwang, sondern durch „den bewußten und freien Willen der Werktätigen, d. h. der gesamten neuen Gesellschaft".[48]

II. Der Rechtsbegriff M. A. Rejsners

Während des Kriegskommunismus und der NÖP-Zeit erlangte ein zweiter rechtstheoretischer Standpunkt vorübergehend Bedeutung — die psychologische Rechtslehre Rejsners. Er war bestrebt, die Rechtstheorie des polnischen Rechtstheoretikers L. Petrazickij auf eine marxistische Grundlage zu stellen.[49] Bereits im Jahre 1908 war Rejsner in einem Aufsatz auf die Rechtsprobleme des Marxismus eingegangen.[50]

Ebenso wie Petrazickij war Rejsner der Auffassung, daß alles Rechtliche nur eine ideologische Form sei, die sich in menschlichen Erlebnissen — intuitiv — vollziehe und nicht in der Wirklichkeit beobachtbar sei. Die faktische Grundlage der Rechtsordnung bilde nicht das positive Recht oder rechtliche Institutionen, sondern die Motivation der Menschen, sich in bestimmter Weise zu verhalten. Diese Motivation sei vorhanden, ohne von einer Gesetzgebung verankert zu sein. Von der Moral unterscheide sich das Recht dadurch, daß es eine den Verpflichteten bindende Beziehung zu seinen Mitmenschen begründe.

Von dieser allgemeinen Position ausgehend, begründete Rejsner — im marxistischen Sinne — den Klassencharakter des Rechts. Die rechtliche Intuition entspreche stets der Intuition der herrschenden Klasse. Dieser Gedanke fand in den ersten Jahren nach der Revolution allgemeinen Zuspruch, da er dem „revolutionären Rechtsbewußtsein" dieser Jahre am ehesten entsprach. Zudem bot die Annahme eines klassenbedingten intuitiven Rechts die während der Revolutions- und Kriegsjahre erforderliche „Elastizität". Unter dem Eindruck des Wiederauflebens bürgerlicher Rechtsformen in den Jahren der NÖP baute Rejsner seine Position aus. Er beschrieb die Rechtswirklichkeit im Sowjetstaat als Wechselwirkung der klassenbedingten Rechtssysteme des Proletariats, der Bauernschaft und der Bourgeoisie. Die sowjetische Rechtsordnung der NÖP-Zeit sollte einen Kompromiß dieser drei Klassensysteme des Rechts darstellen.[51] Damit vertrat Rejsner eine

---

[48] *P. I. Stučka*, Proletarisches Recht, in: N. Reich (Anm. 29), S. 79.

[49] Zu Leben und Werk Petrazickijs *B. Baum*, Leon Petrazycki und seine Schüler, Berlin 1967; *Th. W. Bechtler* (Anm. 44), S. 78 m. w. N.

[50] *M. A. Rejsner*, Petrashicki-Theorie: Marxismus und die soziale Ideologie, veröffentlicht in der Sammlung der sowjetischen Aufsätze der Harvard Universität „Soviet Legal Philosophy", 1951 (engl.), S. 71—82, zitiert bei *A. Bilinsky* (Anm. 3), S. 73, Fn. 9.

[51] *M. A. Rejsner*, Recht, Unser Recht, Fremdes Recht, Allgemeines Recht, Moskau 1925 (russ.), S. 198, zitiert bei *A. Bilinsky* (Anm. 3), S. 73, Fn. 10 a.

Klassenauffassung vom Recht, die das sowjetische Recht nicht — wie Stučka — als etwas prinzipiell Neues auffaßte, sondern als eine Verbindung einzelner „Teile" von Klassenrechtssystemen. Danach unterscheidet sich das sowjetische Recht nur im Umfang dieser „Teile" vom bürgerlichen Recht.

Später wurde gegen die Rechtslehre Rejsners eingewandt, daß sie sich zwar im marxistischen Sinne zum Klassencharakter des Rechts bekannt habe, im übrigen aber nicht vom marxistischen Materialismus, sondern von einem idealistischen Standpunkt ausgegangen sei.[52] Tatsächlich hat Rejsner es für ausgeschlossen gehalten, daß die rechtliche Intuition allein auf die ökonomischen Verhältnisse zurückgeführt werden könne.[53]

III. Der Rechtsbegriff J. B. Pašukanis'

Pašukanis war in der NÖP-Zeit neben Stučka der führende sowjetische Rechtstheoretiker.[54] Er teilte mit Stučka die Auffassung, daß das Recht als gesellschaftliches Verhältnis aufzufassen sei. Zugleich hob er aber die Notwendigkeit hervor, es als spezifisch rechtliches Verhältnis von der ökonomischen Basis abzugrenzen. Dadurch suchte Pašukanis den weiten Rechtsbegriff Stučkas, der keine für das Recht spezifischen gesellschaftlichen Verhältnisse auszusondern vermochte, einzugrenzen.

Seinen rechtstheoretischen Ausgangspunkt bilden die Verhältnisse des Warenaustausches. Parallel zu der von Marx analysierten Entwicklung von der Warenproduktion und dem Warenaustausch zu der Spaltung der Gesellschaft in antagonistische Klassen, sah Pašukanis den Prozeß der Verrechtlichung der menschlichen Beziehungen einhergehen:

Die Verhältnisse des Warenaustausches erlangen rechtlichen Ausdruck erst durch die zwischenmenschlichen Beziehungen, auf denen sie beruhen: der Kauf von Gütern beispielsweise erlangt als reales Verhältnis rechtliche Bedeutung durch den Abschluß eines Kaufvertrages. Erst in dieser Beziehung — dem Rechtsverhältnis — konstituiert sich nach Pašukanis das Recht.[55]

Dem weiten Rechtsbegriff Stučkas wurde damit ein sehr begrenzter Rechtsbegriff entgegengesetzt; denn nicht alle der Regelung bedürftigen

---

[52] *J. B. Pašukanis,* Marxistische Rechtstheorie und der Aufbau des Sozialismus (russ.), in „Revolucia prava" Nr. 3/1927, zitiert bei *A. Bilinsky* (Anm. 3), S. 73, Fn. 8.

[53] Vgl. die Nachweise bei *D. Pfaff* (Anm. 3), S. 64.

[54] Über Leben und Werk Pašukanis' ist nicht sehr viel bekannt, vgl. *N. Reich,* Marxistische Rechtstheorie zwischen Revolution und Stalinismus, KJ 1972, S. 154—162; *Th. W. Bechtler* (Anm. 44), S. 171 m. w. N.

[55] Vgl. die Nachweise bei *N. Reich,* S. 155 f.

gesellschaftlichen Verhältnisse sind solche des Warenaustausches.[56] Dies läßt sich allenfalls für das Zivilrecht annehmen.[57]

Die von Pašukanis vorgenommene Deutung der Rechtsordnung als Rechtsverhältnisordnung kann man — anders als die bei Stučka vorzufindende Identifizierung des Rechts mit den gesellschaftlichen Verhältnissen — durchaus in das Basis-Überbau-Schema der Klassiker einfügen. Denn als Widerspiegelung realer Austauschbeziehungen sind die Rechtsverhältnisse dem ideologischen, bewußtseinsmäßigen Bereich zuzuordnen.[58]

Die eigentliche Bedeutung der Rechtslehre Pašukanis' liegt in der Annahme des Klassencharakters der Warenbeziehungen. Ebenso wie für Marx die Aufhebung der klassenantagonistischen Gesellschaft eine geschichtliche Notwendigkeit war, war für Pašukanis die Aufhebung privater Warenbeziehungen eine unausweichliche Folge der geschichtlichen Entwicklung:

Im proletarischen Staat werde der private Warenverkehr immer weiter an Bedeutung verlieren; entsprechend werde die Rechtsform, die ja nur der Regelung der Warenbeziehungen diene, an Bedeutung abnehmen. Nach der Revolution könne das Recht nur in dem von Marx aufgezeigten Rahmen in einer kurzen Übergangsperiode fortbestehen.[59] Dieses Übergangsrecht sei bürgerliches Recht.[60] Pašukanis lehnte es ab, die in der NÖP-Zeit wieder aufgelebten bürgerlichen Rechtsformen mit einem „proletarischen" Klasseninhalt zu erfüllen. Aus seiner Sicht war jedes Recht bürgerliches Recht, gleich ob es von einem sozialistischen oder einem kapitalistischen Staat gesetzt wurde.

Sein eigentliches Anliegen war es, die historische Bedingtheit der Rechtsform überhaupt aufzuzeigen. So äußerte er die Überzeugung, daß das Recht nach der NÖP durch technische Regeln ersetzt werde, die lediglich die Beziehungen der Staatsbetriebe zueinander zu regeln

---

[56] Vgl. *W. Rosenbaum* (Anm. 43), S. 156; *N. Reich*, S. 158.

[57] Pašukanis war konsequent der Auffassung, daß das öffentliche Recht kein wirkliches Recht sei, da es mit der Warenproduktion nicht in Verbindung stehe, vgl. die Nachweise in *AllThSR I*, S. 129.

[58] Unklar bleibt bei Pašukanis aber, wie die Rechtsverhältnisse selbst eine regulative Funktion übernehmen sollen, vgl. dazu *N. Achterberg*, Die Rechtsordnung als Rechtsverhältnisordnung, Grundlegung der Rechtsverhältnistheorie, Berlin 1982, S. 63 f.; *Th. W. Bechtler* (Anm. 44), S. 172.

[59] *J. B. Pašukanis*, Allgemeine Rechtslehre und Marxismus, Wien/Berlin 1929, Neudruck Frankfurt/M. 1966, S. 16.

[60] *J. B. Pašukanis*, S. 142: „Man muß also im Auge behalten, daß Moral, Recht und Staat Formen der bürgerlichen Gesellschaft sind. Ist auch das Proletariat gezwungen, sich dieser Form zu bedienen, so bedeutet das keineswegs die Möglichkeit, daß sie sich in der Richtung ihrer Durchdringung mit sozialistischem Inhalt weiterentwickeln. Sie sind nicht imstande, diesen Inhalt in sich aufzunehmen, und werden nach Maßgabe seiner Realisierung absterben müssen."

hätten.[61] Allerdings äußerte sich Pašukanis nicht dazu, wie sich die technischen Regeln von den überkommenen Rechtsnormen unterscheiden würden. Ein vollkommener Verzicht auf staatlichen Zwang scheint ihm dabei jedenfalls nicht vor Augen gestanden zu haben.[62]

IV. Der Rechtsbegriff A. G. Gojchbargs

Beachtung fand in den Jahren der NÖP in Rußland die Theorie Duguits von dem Recht als sozialer Funktion.[63] Als einflußreichster Verfechter dieser Auffassung ist Gojchbarg zu nennen. Er war in der Revolutionszeit an der Ausarbeitung zahlreicher Gesetze maßgeblich beteiligt.

Für Gojchbarg war mit der proletarischen Revolution das bürgerliche Recht endgültig überwunden. Zwar könne, so meinte er, die Übergangsperiode nicht ohne Recht auskommen; dessen soziale Funktion habe sich aber von einem ausbeuterischen Klassenrecht zu einem Sozialrecht gewandelt. Dieses erfülle als Ausdruck der kollektivistischen Verfassung eine sozial nützliche Mission.[64] In diesem Sinne deutete Gojchbarg die beschränkte Wiederzulassung privater Wirtschaftsbeziehungen in der NÖP-Zeit als eine für die weitere Entwicklung der Sowjetgesellschaft nützliche soziale Funktion. Da sich Duguit selbst von dieser Auslegung seiner Lehre distanzierte[65] und die während der NÖP-Zeit erfolgte Wiederzulassung privater Wirtschaftsbetriebe später nicht als der Sowjetgesellschaft förderliche Entwicklung, sondern im Gegenteil als schädlicher Rückfall in kapitalistische Gesellschaftsformen betrachtet wurde, geriet diese Lehre sehr bald in Vergessenheit.

V. Der Rechtsbegriff N. W. Krylenkos

Zu Beginn der zwanziger Jahre wurde den soziologischen Rechtsauffassungen durch Krylenko ein normativer Rechtsbegriff entgegengesetzt:[66]

> „Das Recht ist der in schriftlicher Form gehaltene Ausdruck des geltenden Gesetzes und des ungeschriebenen Gewohnheitsrechts, es ist Ausdruck jener gesellschaftlichen Verhältnisse der Menschen untereinander, die sich auf der Grundlage der Produktionsverhältnisse der betreffenden Gesell-

[61] *J. B. Pašukanis,* S. 110 ff.

[62] *N. Reich* (Anm. 54), S. 159 sieht hierin den Ansatzpunkt für Pašukanis' spätere Hinwendung zur Bejahung eines sozialistischen Rechtsbegriffs.

[63] *F.-C. Schroeder,* Fünfzig Jahre sowjetische Rechtstheorie, in: R. Maurach / B. Meissner (Hrsg.), 50 Jahre Sowjetrecht, Stuttgart/Berlin 1969, S. 52 bis 77, 56.

[64] Vgl. die Nachweise bei *N. Reich* (Anm. 20), S. 115.

[65] Nachweis bei *F.-C. Schroeder* (Anm. 63), S. 56, Fn. 23.

[66] *N. W. Krylenko,* Diskussionen über Recht und Staat, Moskau 1924 (russ.), zitiert in *AllThSR I,* S. 129.

schaft gebildet haben, die die Regelung dieser Verhältnisse im Interesse der in dieser Gesellschaft herrschenden Klasse zum Inhalt haben und deren Einhaltung durch die Zwangsgewalt der letzteren gewährleistet wird.“

Krylenko war damit der erste Wissenschaftler, der auf der Grundlage des historischen Materialismus für eine normative Deutung des Rechts eingetreten ist. Die Bezeichnung des Rechts als Inbegriff von Zwangsnormen wurde später von Vyšinskij aufgegriffen. Auch gegenwärtig wird Krylenko in der sowjetischen Literatur eine ausgesprochene Würdigung zuteil.[67] Dabei fällt auf, daß seine Begriffsbestimmung zwar im Sinne des historischen Materialismus den Klassencharakter und das Verhältnis des Inhalts der rechtlichen Regelungen zu den ökonomischen Verhältnissen herausstellt, zugleich aber das Recht auf abstrakte staatliche Zwangsnormen reduziert. Damit setzte sich Krylenko zu den Klassikern in einen auffälligen Widerspruch. Denn Marx und Engels haben das Zwangsmoment im Zusammenhang mit dem Recht überhaupt nicht erwähnt. Zudem kritisierte Marx im „Manifest der kommunistischen Partei“ gerade die bürgerliche Auffassung, die — wie Krylenko — das Recht auf den zum Gesetz erhobenen Willen reduziert habe.[68]

§ 3 Die „zweite russische Revolution“ und die Ära Stalins

In den ersten Jahren nach der NÖP wurden unter Stalin in ökonomischer, politischer und ideologischer Hinsicht bedeutsame Veränderungen im sowjetischen Gesellschaftsgefüge vorgenommen. Der während der NÖP-Zeit wieder zugelassene private Warenverkehr wurde zugunsten der Zentralverwaltungswirtschaft abgeschafft, die Landwirtschaft zwangskollektiviert und alllmählich ein „sozialistisches“ Wirtschaftsmodell geschaffen. Während dieser „zweiten russischen Revolution“ wurde der Bruch mit dem Basis-Überbau-Schema offiziell vollzogen. Die kommunistische Partei folgte gerade dem umgekehrten Prinzip, indem sie unter Anwendung von Terror und Willkür, gestützt auf ihre politische Macht, die ökonomischen und gesellschaftlichen Veränderungen herbeiführte. Stalin rechtfertigte diese Maßnahmen später in seiner Schrift „Der Marxismus und die Fragen der Sprachwissenschaft“.[69] Darin bekannte er sich zu der Auffassung, daß der Überbau die Basis nicht bloß widerspiegele, sondern — einmal vorhanden — als eine „gewaltige aktive Kraft“ dazu beitrage, der Basis eine bestimmte Form zu geben.[70]

---

[67] *AllThSR I*, S. 129.

[68] *K. Marx* (Anm. 23), S. 477.

[69] *J. W. Stalin*, Der Marxismus und die Fragen der Sprachwissenschaft, Berlin (Ost) 1953, S. 5 ff.

[70] *J. W. Stalin*, S. 7.

Aus der aktiven Rolle des Überbaus vermochte Stalin auch den uneingeschränkten Herrschaftsanspruch der kommunistischen Partei zu begründen. Nach seiner Ansicht sei eine fördernde Einflußnahme auf die Basis im Sinne der objektiv wirkenden ökonomischen Entwicklungsgesetze nur durch die Partei möglich, da sie allein zu der richtigen Erkenntnis eben dieser Gesetzmäßigkeiten befähigt sei.[71]

Der radikale Umbruch bedeutete in rechtstheoretischer Hinsicht zunächst eine Absage an alle Theorien, die ein formal bestimmtes Recht forderten und eine neuerliche Hinwendung zu einem „revolutionären Rechtsbewußtsein". An die Stelle der Rechtsnormen traten Parteinormen, die den revolutionären Bestrebungen jener Zeit mit ihrer Formfreiheit und Elastizität größtmöglichen Spielraum boten.[72]

Erst die Verfassung vom 5. 12. 1936 brachte — nachdem die Sozialisierung von Wirtschaft und Gesellschaft vollständig abgeschlossen war — erneut eine Wende.

Zur Sicherung der erreichten gesellschaftspolitischen Veränderungen wurde von Stalin nun die uneingeschränkte Einhaltung der neuen — sozialistischen — Sowjetgesetze gefordert. Der Sozialismus wurde damit endgültig zu einer eigenständigen Gesellschaftsformation erhoben, der ein sozialistischer Staat und ein sozialistisches Recht entsprach. Den Zeitpunkt des Absterbens von Staat und Recht schob Stalin auf die Erreichung des Weltkommunismus hinaus.[73] Gemessen an den Lehren der Klassiker ist das Festhalten an Staat und Recht insofern widersprüchlich, als Stalin das Bestehen einer echten Klassengesellschaft — für Marx und Engels Voraussetzung für Staat und Recht — für die sozialistische Sowjetgesellschaft ablehnte.[74]

I. Die Selbstkritik Pašukanis'

Im Jahre 1928 wurde angesichts der sich unter Stalin vollziehenden Veränderungen allmählich Kritik an der Rechtsauffassung Pašukanis' geäußert.[75]

---

[71] Insoweit unterscheidet sich Stalins Auffassung — er war schon zu Lenins Zeiten Generalsekretär der KPdSU — nur graduell von der Diktaturlehre Lenins.

[72] Vgl. zur rechtstheoretischen Entwicklung während der Ära Stalins ausführlich *K. Westen*, Die rechtstheoretischen und rechtspolitischen Ansichten J. W. Stalins, Konstanz 1959; *B. Meissner*, Rußland im Umbruch, Frankfurt/M. 1951; *ders.*, Sowjetrußland zwischen Revolutionen und Restauration, Köln 1956; *D. Pfaff* (Anm. 3), S. 109 ff.

[73] Nachweise bei *K. Westen*, S. 112—120.

[74] Stalin versuchte diesen Widerspruch durch den Hinweis auf das Fortbestehen nicht-antagonistischer Klassen zu lösen.

[75] Vgl. die Nachweise bei *A. Bilinsky* (Anm. 3), S. 81.

Als die Frage aufkam, ob nach der Verstaatlichung das Recht fortbestehen oder allmählich absterben würde, wurde Pašukanis vorgeworfen, er habe sich nicht genügend mit der Analyse der Fortbewegung der objektiven Realität und den Fragen des revolutionären Aufbaus befaßt.[76] In seinem Vortrag „Die Lage an der theoretischen Rechtsfront" verteidigte er im November 1930 zunächst seine Auffassung, wonach das Recht eine bürgerliche Kategorie sei.[77] Die Schaffung eines Systems des proletarischen oder sozialistischen Rechts lehnte er weiterhin als eine dem Marxismus widersprechende Konzeption ab: Das Recht in der sozialistischen Gesellschaft könne sich nicht prinzipiell von dem der bürgerlichen Gesellschaft unterscheiden, da es für die Qualität des Rechts keinen Unterschied mache, ob sich der staatliche Zwangsapparat in den Händen des Proletariats oder der Bourgeoisie befinde. Darüber hinaus könne der Sozialismus nicht als eine abgeschlossene sozialökonomische Formation aufgefaßt werden.[78] Allerdings schränkte Pašukanis in diesem Vortrag seine ursprüngliche Rechtsauffassung insofern ein, als er im Sinne Stalins ein bewegliches System der proletarischen Politik forderte[79]: Während in der kapitalistischen Gesellschaft das Recht eine die Basis stabilisierende Funktion habe, werde es in der Übergangsphase zur Veränderung der gesellschaftlichen Verhältnisse bewußt der Politik unterstellt.

Als Instrument der Politik war das Recht von der Existenz bestimmter Formen des Warenaustausches unabhängig geworden. Die Charakterisierung des Rechts als Widerspiegelung der Verhältnisse des Warenaustausches konnte von Pašukanis infolgedessen nicht mehr aufrechterhalten werden.

Konsequent unterzog Pašukanis unter dem Eindruck zunehmender Kritik dann auch im Januar 1931 seine „Austauschkonzeption" einer weiteren kritischen Analyse. In dem Vortrag „Grundlegende Probleme der marxistischen Theorie des Staates und des Rechts" stellte er fest, daß ihn methodische Fehler daran gehindert hätten, klar zu erkennen, daß es eine besondere Kategorie des Sowjetrechts und damit eine eigene sowjetische Rechtstheorie gebe, deren einheitliche Quelle nicht die Verhältnisse des Warenaustausches, sondern die Diktatur des Proletariats sei.[80]

---

[76] *A. K. Stalgevič*, Grundfragen der marxistischen Rechtstheorie (russ.), SGiRP 1930/7, S. 178, 183, zitiert bei *A. Bilinsky*, S. 82, Fn. 24.

[77] *J. B. Pašukanis*, Die Lage an der theoretischen Rechtsfront (russ.), SGiRP 1930/11, 12, S. 25 ff., zitiert bei *N. Reich* (Anm. 54), S. 160, Fn. 31. Der Vortrag wurde am 10. November 1930 auf der Tagung des Büros für Sowjetaufbau und Recht der kommunistischen Akademie gehalten.

[78] *J. B. Pašukanis*, S. 47.

[79] Nachweise bei *N. Reich* (Anm. 54), S. 160 f.

[80] *J. B. Pašukanis*, Grundlegende Probleme der marxistischen Theorie des

Die ursprünglich in der Lehre Pašukanis' enthaltene Kritik des bürgerlichen Rechts war damit umgeschlagen in die Rechtfertigung eines marxistisch-sozialistischen Rechts, das nicht materialistisch, durch eine bestimmte Form der Güterproduktion, sondern voluntaristisch, durch den Willen der jeweils herrschenden Klasse, bestimmt werden sollte. Pašukanis schlug vor, das sowjetische Recht als „Form der Politik der herrschenden Klasse, die über den Apparat der Staatsmacht verwirklicht wird",[81] zu untersuchen. Gleichzeitig würdigte er die Verdienste Stučkas, der vollkommen richtig darauf hingewiesen habe, daß mit der Oktoberrevolution das bürgerliche Recht zugunsten eines neuen, qualitativ höheren Rechts beseitigt worden sei.[82] Die Existenz eines neuen sozialistischen Rechts, das gegenüber dem bürgerlichen Recht einen völlig neuen Klasseninhalt aufweisen soll, wurde damit nachträglich auf den Zeitpunkt der Oktoberrevolution zurückdatiert.[83]

II. Der Rechtsbegriff A. J. Vyšinskijs

Als offizieller Repräsentant des von Stalin vorformulierten Rechtsverständnisses[84] präsentierte der damalige Staatsanwalt Vyšinskij im Juli 1938 einen normativ-voluntaristischen Rechtsbegriff:[85]

> „Das Recht ist die Gesamtheit der Verhaltensregeln, die den Willen der herrschenden Klasse ausdrücken und auf gesetzgeberischem Wege festgelegt sind, sowie der Gebräuche und Regeln des Gemeinschaftslebens, die von der Staatsgewalt sanktioniert sind. Die Anwendung dieser Regeln wird durch die Zwangsgewalt des Staates gewährleistet zwecks Sicherung, Festigung und Entwicklung der gesellschaftlichen Verhältnisse und Zustände, die der herrschenden Klasse genehm und vorteilhaft sind."

Diese Definition hat die sozialistische Rechtstheorie bis in die Gegenwart nachhaltig beeinflußt. Sie unterscheidet sich von den Definitionen Stučkas und Pašukanis' wesentlich durch die Hervorhebung ihres normativistischen Standpunktes. Nicht die Rechtsverhältnisse oder rechtliche Institutionen bilden danach das Wesen des Rechts, sondern die abstrakten Normen. Der gesellschaftlichen Tatsache der Verwirklichung der Rechtsnormen wurde von Vyšinskij keine Beachtung geschenkt.[86] Eben-

---

Staates und des Rechts, in: N. Reich (Anm. 29), S. 107 ff. Der Vortrag wurde zwischen dem 8. und 14. Januar 1931 auf dem 1. Unionskongreß der Staats- und Rechtswissenschaftler gehalten.

[81] *J. B. Pašukanis,* S. 110.

[82] *J. B. Pašukanis,* S. 109.

[83] Dazu *N. Reich* (Anm. 54), S. 159.

[84] Vgl. oben Anm. 69.

[85] *A. J. Vyšinskij,* Die Hauptaufgaben der Wissenschaft vom sozialistischen Sowjetrecht, in: Sowjetische Beiträge zur Staats- und Rechtstheorie, Berlin (Ost) 1953, S. 76.

[86] Vyšinskij hatte bereits im Jahre 1937 energisch Position gegen die

sowenig beinhaltet diese Definition einen Hinweis auf den Determinationszusammenhang zwischen dem Klassenwillen und den ökonomischen Verhältnissen. Die herrschende Klasse hat danach die Möglichkeit, Normen jeden beliebigen Inhalts zu schaffen.[87] Die Besonderheit des sozialistischen Rechts konnte dementsprechend von Vyšinskij letztlich nicht in der veränderten ökonomischen Basis gesehen werden, sondern in dem veränderten Staatswillen. Worin diese Veränderung ihre Ursache haben sollte, blieb indes unklar. Der dieser Definition innewohnende Voluntarismus wurde später ebenso wie die Überbetonung des staatlichen Zwanges bemängelt.[88]

§ 4 Die Entstalinisierung und die Entwicklung bis zur Gegenwart

Der Rechtsbegriff Vyšinskijs dominierte bis zu der auf dem XX. Parteitag der KPdSU im Jahre 1956 eingeleiteten Entstalinisierung unangefochten. Die in dieser Zeit von Stalgevič[89] unternommenen Versuche, den strengen Normativismus zugunsten einer Einbeziehung der Rechtsverhältnisse in den Rechtsbegriff aufzulösen, stießen allenthalben auf Ablehnung.[90]

Die rechtstheoretische Diskussion bewegte sich bis zum Jahre 1956 weniger um die prinzipielle Frage einer angemessenen Definition für das sozialistische Recht als vielmehr um einzelne Aspekte dieser Definition. So wurde von Šejdlin die „schöpferische Rolle" des Rechts stärker herausgestellt,[91] Aleksandrov suchte den „zum Gesetz erhobenen Willen der herrschenden Klasse" näher zu konkretisieren.[92] Daneben wurden die Probleme der Rechtsverwirklichung, insbesondere das Verhältnis von staatlichem Zwang und freiwilliger Befolgung der Normen erörtert.[93]

Rechtsauffassungen Stučkas und Pašukanis' bezogen, vgl. *A. J. Vyšinskij*, Zur Lage an der theoretischen Rechtsfront, in: N. Reich (Anm. 29), S. 113 ff., 115.

87 Vyšinskij hatte bewußt darauf verzichtet, die von Marx analysierte materialistische Bedingtheit des Klassenwillens in seine Definition aufzunehmen, vgl. *D. Pfaff* (Anm. 3), S. 116 f.

88 Vgl. die Nachweise bei *V. Petev* (Anm. 13), S. 443.

89 *A. K. Stalgevič*, Zur Frage des Begriffs des Rechts (russ.), SGP 1948/7, S. 61, zitiert bei *F.-C. Schroeder* (Anm. 63), S. 63, Fn. 76.

90 *N. G. Aleksandrov*, Zur Kritik von Überresten der bourgeoisen Ideologie in der Definition des Rechts (russ.), SGP 1948/10, S. 43 ff., zitiert bei *F.-C. Schroeder*, S. 63, Fn. 77.

91 *B. V. Šejdlin*, Über den Charakter der dienenden Rolle des sozialistischen Sowjetrechts (russ.), Leningrad 1955, zitiert bei *A. Bilinsky* (Anm. 3), S. 96.

92 *N. G. Aleksandrov*, Das Wesen des Rechts (russ.), Moskau 1950, zitiert bei *A. Bilinsky*, S. 97.

93 Vgl. die Nachweise bei *A. Bilinsky*, S. 98.

Erst die Entstalinisierung, die zwar keine grundlegende Abkehr von der erreichten ökonomischen und gesellschaftlichen Entwicklung bedeutete, sondern lediglich die „schädlichen Folgen" des unter Stalin geübten „Personenkults"[94] zu beseitigen suchte, brachte die Diskussion um den marxistisch-sozialistischen Rechtsbegriff wieder in Bewegung. Im Mittelpunkt dieser Diskussion stand die Frage, ob der Rechtsbegriff normativ im Sinne Vyšinskijs oder soziologisch im Sinne Stučkas und Pašukanis' zu formulieren sei.[95] Das Verständnis der marxistischen Rechtstheorie als eigenständiger Rechtslehre für die gesellschaftliche Formation des Sozialismus blieb davon unberührt. Für eine soziologische Erweiterung des Rechtsbegriffs setzten sich neben Stalgevič insbesondere Piontkovskij, Kečekjan und Mikolenko[96] ein. Die meisten sowjetischen Wissenschaftler traten für eine normative Deutung des Rechts im überkommenen Sinne ein. Zu nennen sind hier vor allem Joffe, Aleksandrov, Kerimov und Nedbajlo.[97]

Trotz einer, insbesondere in den sechziger Jahren an den Positionen Vyšinskijs, geübten Kritik hat sich in den sozialistischen Staaten der normativ-voluntaristische Rechtsbegriff durchgesetzt. Die an Vyšinskij geübte Kritik brachte lediglich einige Akzentverschiebungen. Der Determinationszusammenhang zwischen dem Staatswillen und der ökonomischen Basis wurde in der Begriffsbestimmung zukünftig berücksichtigt und die Formulierung, wonach die Gewährleistung der Rechtsnormen allein mit staatlichem Zwang verbunden sei, abgeschwächt. Dagegen blieben sowohl der Hinweis auf den Willens- als auch auf den politisch-instrumentalen Charakter des Rechts aufrechterhalten.

Eine weitere Zäsur in der rechtstheoretischen Entwicklung der Sowjetunion ist durch die Programme der KPdSU für den XXI. und XXII. Parteitag erfolgt.

Der XXI. Parteitag der „Erbauer des Kommunismus", wie er offiziell genannt wurde, führte im Jahre 1959 zu der Feststellung, daß die Sowjetunion in eine neue höhere Entwicklungsphase eingetreten sei. Entsprechend der Periodisierung, die die sowjetische Theorie der Entwicklung der sozialistischen Staaten zugrunde legt, handelt es sich hierbei um die letzte, dritte Phase — die entwickelte sozialistische Gesell-

---

[94] Leitartikel in SGP 1962/4, S. 3—16, dt. in StuR 1962, S. 1623—1638 unter dem Titel: Die schädlichen Folgen des Personenkults in der sowjetischen Rechtswissenschaft müssen endgültig beseitigt werden!

[95] Eine gute Zusammenstellung findet sich bei *C. Varga*, Quelques problèmes de la définition du droit dans la théorie socialiste du droit, in: Archives de la Philosophie du Droit, XII., 1967, S. 189 ff.

[96] Nachweise bei *F.-C. Schroeder* (Anm. 63), S. 65.

[97] Nachweise bei *D. Pfaff* (Anm. 3), S. 149 und *A. Bilinsky* (Anm. 3), S. 98.

schaft — die bereits die Grundlagen des Kommunismus aufbaut.[98] Die Sowjetunion soll sich dadurch von einer Diktatur des Proletariats zu einem Staat des gesamten Volkes erhoben haben. Dieser Staat sei kein Klassenstaat im herkömmlichen Sinne mehr; denn es sei ein ökonomischer und gesellschaftlicher Status erreicht, der jede Art von Ausbeutung ausschließe.

Im Parteiprogramm des XXII. Parteitages im Jahre 1961 wurde diese neue Entwicklungsstufe näher konkretisiert: Die Klassenstruktur sei im Sowjetstaat verändert, alle sozialen Antagonismen seien beseitigt; nach und nach werden sich die Staatsorgane in Organe der gesellschaftlichen Selbstverwaltung umwandeln. Da der Staat jetzt vom gesamten Sowjetvolk getragen werde, werde sich das Volk mehr und mehr an der Verwaltung des Staates beteiligen.

Damit war die von Stalin zurückgestellte Annahme des Absterbens von Staat und Recht wieder aufgegriffen worden. In rechtstheoretischer Hinsicht wurde von dem Volksstaat auf ein Recht des gesamten Volkes geschlossen, das zwar als normative Form zunächst bestehen bleiben würde, langfristig aber in „Regeln des kommunistischen Gemeinschaftslebens" übergehen werde.[99]

Der Unterschied zu den anderen beiden Phasen der sozialistischen Gesellschaftsentwicklung wurde von der sowjetischen Lehre indes nie klar herausgestellt. Nicht ohne Grund wird die Erschließung des Wesens von Staat und Recht in dieser dritten Entwicklungsphase gegenwärtig noch als eine wichtige Aufgabe der marxistischen Staats- und Rechtstheorie angesehen.[100]

Unter den Nachfolgern Chruščevs hat sich das theoretische Interesse etwas verschoben. Im Vordergrund der Diskussion stehen gegenwärtig Fragen der sozialistischen Gesetzlichkeit, des Rechtsbewußtseins, der Rechtsverwirklichung und der Effektivität des Rechts. Soweit sich die Untersuchungen auf den Rechtsbegriff beziehen, dienen sie regelmäßig dazu, einzelne Elemente der überkommenen Rechtskonzeption näher herauszuarbeiten. Dabei fällt auf, daß zunehmendes Gewicht darauf

---

[98] *B. Meissner*, Das Parteiprogramm der KPdSU von 1903—1961, Köln 1962, S. 143 ff.; *F.-C. Schroeder*, Inhalt und Entwicklung von Staat und Recht nach dem neuen Parteiprogramm der kommunistischen Partei der Sowjetunion, Jahrb. f. Ostr. 1962, II/1, S. 45—68; *L. Schultz*, Der XXII. Parteitag der KPdSU und die sowjetische Staatstheorie, ROW 1962, S. 177—183; ders., Die entwickelte sozialistische Gesellschaft als neue Phase in der Entwicklung der sozialistischen Staaten, ROW 1975, S. 150—158; ders., Der Aufbau des Kommunismus in der Sowjetunion und die Gestaltung der entwickelten sozialistischen Gesellschaft in den Volksdemokratien, ROW 1977, S. 153—161; ders., Die Problematik des Übergangs der Diktatur des Proletariats zum Staat des gesamten Volkes, ROW 1981, S. 10—16.

[99] *F.-C. Schroeder*, S. 48 f. m. w. N.

[100] *AllThSR I*, S. 139.

gelegt wird, den ethischen und humanitären Gehalt des sozialistischen Rechts herauszustellen, um hierdurch die „qualitative Höherwertigkeit“ des sozialistischen Rechts gegenüber dem bürgerlichen zu begründen.[101]

[101] *V. Petev* (Anm. 13), S. 444 ff. m. w. N. Die rechtstheoretische Entwicklung in der DDR weist gegenüber der sowjetischen keine wesentlichen Eigenständigkeiten auf. Hervorzuheben ist lediglich, daß in der DDR mehr als in der Sowjetunion das Problem der Fortgeltung des übernommenen bürgerlichen Rechts unter den Bedingungen des Sozialismus diskutiert wurde. Hierauf wird im folgenden Abschnitt eingegangen.

Zweiter Abschnitt

Formale Elemente des Rechtsbegriffs

§ 5 Die Bestimmung des Rechtsbegriffs zum gegenwärtigen Zeitpunkt

In der Diskussion um die Formulierung des marxistisch-sozialistischen Rechtsbegriffs bestand in den sechziger Jahren keine Einigkeit darüber, ob das sozialistische Recht als „qualitativ höherer“, nicht an das Bestehen antagonistischer Klassenverhältnisse gebundener Rechtstyp mit den Rechtstypen anderer historischer Gesellschaftsformationen (Sklavengesellschaft, Feudalismus, Kapitalismus) unter einen allgemeinen Rechtsbegriff gefaßt werden kann oder ob es von diesen wegen seiner Besonderheiten definitorisch geschieden werden muß. In der DDR hat sich insbesondere Haney dafür eingesetzt, das sozialistische Recht als etwas prinzipiell Neues aufzufassen:[1]

> „Ein allgemeiner, für alle Gesellschaftsformationen gültiger Begriff des Rechts vermag nur sichtbar zu machen, daß das Recht eine besondere historische Kategorie ist, die mit der Klassenentwicklung und dem Staat engstens verknüpft ist... Ein solcher, allgemeiner, überklassenmäßiger Begriff festigt die Vorstellung, als ob die bürgerliche und die sozialistische Staatsgewalt in der Funktion, nämlich in der zwangsweisen Durchsetzung von Verhaltensregeln identisch wären.“

Diese Auffassung hat sich in den sozialistischen Staaten aber nicht durchgesetzt. Für die Bildung eines allgemeinen Rechtsbegriffs sprach insbesondere, daß die grundlegenden Zusammenhänge zwischen der Eigentumsordnung, der auf ihr beruhenden Klassenstruktur, der herrschenden Klasse und dem Recht in allen Gesellschaftsformationen die theoretisch-methodische Grundlage für die Formulierung des Rechtsbegriffs darstellen.

Das sozialistische Recht wird gegenwärtig nur als ein besonderer — qualitativ veränderter — Rechtstyp angesehen, dessen Besonder-

---

[1] *G. Haney*, Zum Inhalt des sozialistischen Rechtsbegriffs, StuR 1963, S. 121 bis 137, 123; ders. in: G. Haney / I. Wagner, Grundlagen der Theorie des sozialistischen Staates und Rechts, Teil II, Leipzig 1967, S. 118; ders., Thesen zum Wesen und zur Entwicklung des sozialistischen Rechts, StuR 1963, S. 1841 bis 1850.

heiten nicht in neuen strukturellen Elementen, sondern in der neuen Zielsetzung seines Klassenwesens bestehen.[2] In dem rechtstheoretischen Lehrbuch der DDR wird die folgende allgemeine Definition gegeben:[3]

„Recht ist der in einem allgemeinverbindlichen Normensystem ausgedrückte Wille der staatlich herrschenden Klasse, dessen Inhalt letztlich von deren materiellen Lebensbedingungen determiniert wird und dessen Verwirklichung vom Staat, auch unter Anwendung von Zwang, gewährleistet wird."

Auf der Grundlage dieser Definition wird die veränderte Zielsetzung des sozialistischen Rechts wie folgt zum Ausdruck gebracht:[4]

„Das sozialistische Recht ist das System allgemeinverbindlicher Normen, die den letztlich von den sozialistischen Produktionsverhältnissen bestimmten staatlichen Willen der Arbeiterklasse und der von ihr geführten Werktätigen ausdrücken, vom Staat festgelegt und sanktioniert und garantiert werden — wenn nötig auch mit staatlichem Zwang — und die als Instrument (Regulator) die Entwicklung der gesellschaftlichen Verhältnisse mit dem Ziel der Errichtung des Sozialismus und Kommunismus fördern und schützen."

In dieser Definition findet die Tatsache allerdings keine Berücksichtigung, daß das sowjetische sozialistische Recht bereits als ein Recht des ganzen Volkes angesehen wird. Die spezifischen Merkmale dieses Rechts sind in der sowjetischen Literatur noch nicht eindeutig herausgearbeitet worden.[5] Repräsentativ ist insoweit die Begriffsbestimmung durch Kerimov, der besonders betont, daß die Verwirklichung des Rechts in der Sowjetunion nicht so sehr durch staatlichen Zwang als vielmehr durch Erziehung und Überzeugung erfolgt:[6]

„Das sozialistische Recht ist staatlicher Wille des gesamten von der Arbeiterklasse geführten werktätigen Volkes, das im System der allgemeinverbindlichen Normen seinen Ausdruck findet, auf den Schutz der Grundlagen und Prinzipien des Sozialismus sowie die Regelung der gesell-

---

[2] *K. Polak*, Über die weitere Entwicklung der sozialistischen Rechtspflege in der Deutschen Demokratischen Republik, StuR 1961, S. 607—657, 622 ff.; *K. A. Mollnau*, Theoretische und methodische Fragen der Wesensbestimmung des sozialistischen Rechts, StuR 1974, S. 2054—2063, 2055; *K. A. Mollnau / K.-H. Schöneburg*, Zur Gegenstands- und Funktionsbestimmung der marxistisch-leninistischen Staats- und Rechtstheorie, StuR 1974, S. 1855—1862, 1857; *D. Joseph*, Zum Begriff des sozialistischen Rechts, StuR 1973, S. 1875—1891; Symptomatisch ist die Untergliederung des rechtstheoretischen Lehrbuchs der DDR in ein Kapitel über das Wesen des Rechts im allgemeinen und des sozialistischen Rechts im besonderen, vgl. *MLSR*, S. 98, 379.

[3] *MLSR*, S. 109.

[4] *MLSR*, S. 405.

[5] Vgl. dazu *V. Petev*, Kritische Punkte der marxistischen Rechtskonzeption, Beitrag zum Weltkongreß für Rechts- und Sozialphilosophie, Basel 1979, ARSP 1982, Supplementa Vol. I, part 2, S. 441—457, 445 f. m. w. N.

[6] *D. A. Kerimov*, Philosophische Probleme des Rechts, Berlin (Ost) 1977, S. 145; vgl. auch *AllThSR IV*, S. 19.

schaftlichen Verhältnisse im Interesse des Aufbaus des Kommunismus gerichtet ist und dessen Verwirklichung durch die Tätigkeit des Staates (darunter auch der des Zwanges) sowie der gesellschaftlichen Organisatonen gewährleistet wird."

§ 6 Inhalt und Form des Rechts

Es ist des öfteren versucht worden, das Recht ausschließlich in seiner logischen Struktur begrifflich zu erfassen. Das Recht wurde von den Vertretern dieser Auffassung nur unter dem Aspekt der Gesetztheit betrachtet. Repräsentativ für diesen positivistischen Standpunkt ist die Reine Rechtslehre Kelsens.[7] Die Rechtsordnung wurde von Kelsen als Stufenbau angesehen, in dem jede Norm auf eine im Stufenbau höhere Norm rückführbar ist. Jeder beliebige Inhalt kann nach der Reinen Rechtslehre Recht sein; denn die Qualität einer Norm als Rechtsnorm beurteilt sich nicht danach, ob ihr materieller Gehalt bestimmten in der Gesellschaft vorhandenen Wertvorstellungen, Interessen oder Sozialstrukturen entspricht, sondern ob sie in einem formalen Rechtsetzungsverfahren zustande gekommen ist.[8] Das Verdienst dieser Lehre liegt zweifellos darin, daß sie auf die logische Struktur des Rechts als Normengebilde hingewiesen hat. Sie läßt aber den allgemeinen sozialen Gehalt des Rechts außer Betracht. Das führt dazu, daß auch solche Normen als Recht angesehen werden, deren axiologischer Inhalt den jeweils in der Gesellschaft vorherrschenden Wertvorstellungen widerspricht.[9] Es hat sich im rechtstheoretischen Schrifttum daher allgemein die Auffassung durchgesetzt, daß das Wesen des Rechts aus formalen und inhaltlichen Elementen zu bestimmen ist.[10]

---

[7] *H. Kelsen*, Reine Rechtslehre, 2. Aufl., Wien 1960.

[8] *H. Kelsen*, S. 67; bei einer radikalen Richtung des Gesetzespositivismus fehlt sogar jeder Hinweis auf die Selbstbindung des Gesetzgebers, vgl. *G. Meyer*, Der Staat und die erworbenen Rechte, Leipzig 1895, S. 14 f.; *K. Bergbohm*, Jurisprudenz und Rechtsphilosophie: Kritische Abhandlungen, Bd. I, Leipzig 1892, S. 144; in eine vergleichbare Richtung geht auch der Rechtsbegriff Stammlers, der als Recht ein „unverletzbar selbstherrliches Wollen" bezeichnete, vgl. *R. Stammler*, Der Begriff des Rechts, in: W. Maihofer (Hrsg.), Begriff und Wesen des Rechts, Darmstadt 1973, S. 309—355, 343.

[9] Vgl. zur Kritik an der Reinen Rechtslehre in diesem Punkt nur *H. Henkel*, Einführung in die Rechtsphilosophie, 2. Aufl., München 1977, S. 563. Die Reine Rechtslehre hat dieses Ergebnis zu vermeiden gesucht, indem sie die Geltung der Normen davon abhängig gemacht hat, daß sie „im großen und ganzen wirksam sind, das heißt tatsächlich befolgt und angewendet werden", vgl. *H. Kelsen* (Anm. 7), S. 219. Damit ist die Reine Rechtslehre m. E. in Widerspruch zu ihrem Reinheitspostulat geraten, vgl. dazu *R. Zippelius*, Rechtsphilosophie, München 1982, S. 20 f. m. w. N.

[10] *R. Marcic*, Rechtsphilosophie, Freiburg 1969, S. 90; *H. Henkel, S. 13; V. Petev*, Zum Begriff des Rechts in bürgerlicher und marxistischer Sicht, Rechtstheorie 1976, S. 53—63, 55; *D. A. Kerimov* (Anm. 6), S. 147 ff.; *G. Haney / I. Wagner* (Anm. 1), S 27 ff.

Die formalen Elemente beziehen sich auf die sprachlich-logische Struktur, z. B. die Geltung (i. S. von Verbindlichkeit), die Institutionen und die Formen der Verwirklichung des Rechts.[11] Die Frage nach der Form des Rechts gibt also darüber Auskunft, ob und wie Rechtsnorminhalte zum Ausdruck gelangen. Dagegen betrifft die Frage des Inhalts des Rechts die im Recht zum Ausdruck kommenden Interessen und Wertvorstellungen relevanter sozialer Gruppen.[12]

In den sozialistischen Staaten wurde eine rege Diskussion über die Begriffe Inhalt und Form des Rechts geführt. Die Bedeutung dieser Diskussion muß vor dem Hintergrund der Frage gewürdigt werden, ob die neue „Qualität" des sozialistischen Rechts sich nicht nur in einem gegenüber der kapitalistischen Gesellschaftsformation veränderten Rechtsinhalt, sondern auch in einer veränderten Rechtsform auswirkt.

Der Rechtsbegriff Vyšinskijs ging davon aus, daß die Form des Rechts in der kapitalistischen und der sozialistischen Gesellschaft identisch sei. Nach der proletarischen Revolution habe sich lediglich der Inhalt des Rechts — der Klassenwille — verändert, die Rechtsform überdauere aber konstant und unverändert alle Gesellschaftsformationen.

An dieser Auffassung wurde kritisiert, daß sie die Rechtsform als eine Art geistiges Prinzip von der materiellen Basis gelöst habe; sie könne sich danach unabhängig von der ökonomischen Basis über alle Zeiten bis zu ihrer endgültigen Überwindung in der kommunistischen Endgesellschaft behaupten.[13] Die Kritiker suchten daher auch die Rechtsform als materiell bedingt nachzuweisen. Angesichts der starken Rezeption bürgerlicher Rechtsformen während der NÖP-Zeit in der Sowjetunion und der Übernahme weiter Teile des überkommenen Zivilrechts in der DDR nach 1945, war dies am ehesten durch ein erweitertes Verständnis der Begriffe Rechtsform und Rechtsinhalt zu erreichen.[14]

---

[11] *R. Marcic*, S. 153 ff. unterscheidet insgesamt zwölf formale Eigenschaften des Rechts.

[12] *V. Petev* (Anm. 10), S. 55.

[13] *G. Haney / I. Wagner* (Anm. 1), S. 39; *G. Haney* (Anm. 1), S. 133; *K. Polak* (Anm. 2), S 607 ff.; *R. Schüsseler*, Zu den Grundfragen der Theorie des sozialistischen Rechts in Marx' „Kritik des Gothaer Programms", StuR 1975, S. 746—756, 750.

[14] Die Autoren der Allgemeinen Theorie haben die verschiedenen im Verlaufe der Diskussion vertretenen Ansichten zusammengestellt, vgl. *AllThSR I*, S. 274 ff.; vgl. auch *D. A. Kerimov* (Anm. 6), S. 147 ff.; *I. Ceterchi*, Die Kategorien des Wesens, des Inhalts und der Form der Erforschung des sozialistischen Rechts, in: Wissenschaftliche Zeitschrift der Friedrich Schiller Universität Jena, Gesellschafts- und Sprachwissenschaftliche Reihe, Jhrg. 15, 1966/3, S. 413 f.; *H. Rottleuthner*, Probleme der marxistischen Rechtstheorie, Frankfurt/M. 1975, S. 194.

Allgemeine Anerkennung findet inzwischen in den sozialistischen Staaten eine Auffassung, die zwischen Inhalt und Form der Rechtsnormen und Inhalt und Form des Rechts unterscheidet.[15]

Den Inhalt der Rechtsnorm bildet danach der Staatswille als konkretisierter Wille der herrschenden Klasse (bzw. des ganzen Volkes), also der in den Normen enthaltene verbindliche Verhaltensmaßstab, das was in den Normen geboten, verboten oder erlaubt wird. Die Form der Rechtsnorm ist ihre Struktur, d. h. die Dreigliedrigkeit in Hypothese, Disposition und Sanktion, und ihr äußerer Ausdruck als Gesetz, Anordnung, Beschluß oder dergleichen. Ein grundsätzlicher Unterschied zwischen der Form einer im bürgerlichen Rechtssystem geltenden Norm und der Form der gleichlautenden, in das sozialistische Rechtssystem einbezogenen Norm besteht demnach nicht.[16] Darüber hinaus wird die Vorstellung als unrichtig erkannt, daß sich der Inhalt einer einzelnen Norm im Sozialismus stets von dem Inhalt der gleichlautenden Norm im Kapitalismus unterscheiden muß:[17]

> „Sowohl im bürgerlichen Staat als auch im sozialistischen Staat ist, — beispielsweise bei Dingen, die individuelles Eigentum sein können (Privateigentum im bürgerlichen Staat, persönliches Eigentum im sozialistischen Staat) — die Pflicht des Verkäufers, eine Sache in das Eigentum des Käufers zu übergeben, und die Pflicht des Käufers, dem Verkäufer den entsprechenden Geldbetrag, den Preis der Sache, zu zahlen, Inhalt der Norm im Kaufvertrag."

Damit sind aber nur Aussagen über Form und Inhalt der einzelnen Rechtsnorm getroffen. Das Recht erschöpft sich darin aber nicht; denn die Rechtsnormen sind nur Elemente des Rechts. Das Recht ist das System der Rechtsnormen. Form und Inhalt des Rechts — als Normensystem — sollen sich mit dem Wechsel der sozialökonomischen Formation verändern.

Unter der Form des Rechts wird die in dem System der Rechtsnormen zutage tretende Struktur verstanden. Dies sind diejenigen Merkmale, die sämtliche Rechtsnormen zu einem System verbinden, wie die Normativität, die allgemeine Verbindlichkeit, der staatlich-volitive Charakter, die Formen der Verwirklichung der Rechtsnormen.[18]

Unter dem Inhalt des Rechts wird dann das System der Rechtsnormen verstanden, in denen sich der allgemeine Wille der staatlich

---

[15] Vgl. nur *AllThSR I*, S. 275 f.; *D. A. Kerimov* (Anm. 6), S. 166.

[16] *AllThSR I*, S. 276; a. A. noch *G. Haney / I. Wagner* (Anm. 1), S. 39 ff.

[17] *AllThSR I*, S. 278.

[18] *D. A. Kerimov* (Anm. 6), S. 159; Die Autoren der Allgemeinen Theorie formulieren, daß die Form „das stabile Wechselverhältnis zwischen den einzelnen Rechtszweigen, die in ihrer Einheit, in ihrer Ganzheit das System des Rechts der gegebenen Gesellschaft bilden", sei, vgl. *AllThSR I*, S. 276. Diese Formulierung schafft wenig Klarheit, vgl. dazu auch *H. Rottleuthner* (Anm. 14), S. 195.

organisierten herrschenden Klasse hinsichtlich des erforderlichen oder möglichen Verhaltens der Menschen konkretisiert.[19]

Unter Zugrundelegung dieser Auffassung ist die Annahme von der Überwindung der bürgerlichen Rechtsform nach dem Wechsel der sozialökonomischen Formation begründet. Zwar verändert sich zunächst nur der Klasseninhalt des Rechts; denn die Rechtsform ist relativ stabil, sie ist das konservative Element des Rechts:[20]

> „So kann der Liefervertrag, der den Warenumlauf zwischen Betrieben und anderen Organisationen in den sozialistischen Ländern vermittelt, in ganz allgemeiner Form als Art des Kaufvertrages definiert werden. Befassen wir uns jedoch näher mit dem Inhalt dieses Vertrages, mit den in ihm enthaltenen konkreten Prozessen, so entdecken wir dabei solche, die für ihn als sozialistischen Vertrag typisch sind, als Vertrag, dessen dienende soziale Rolle sich grundsätzlich vom Kaufvertrag im bürgerlichen Recht unterscheidet. Das kommt auch in den strukturellen Merkmalen des Liefervertrages zum Ausdruck (das Verhältnis von Plan und Vertrag, die Besonderheiten des Verhältnisses zwischen der Erfüllung des Vertrages und den Verlusten, zwischen den Verlusten und der Vertragsstrafe usw.)."

Inhalt und Form des Rechts stehen aber in einem organischen Zusammenhang. Der veränderte Inhalt des Rechts wirkt sich im Verlaufe der Entwicklung auf die Form des Rechts aus, modifiziert und verändert sie z. B. in der Weise, daß der staatliche Zwang bei der Durchsetzung der Normen allmählich wegen der zunehmenden freiwilligen Befolgung der Normen an Bedeutung verliert.

Die Gliederung der folgenden Untersuchung knüpft an die getroffene Unterscheidung zwischen formalen und inhaltlichen Elementen des Rechtsbegriffs an. Da der Inhalt eine bestimmte Form zur Voraussetzung hat, sind zunächst die formalen Elemente des Rechtsbegriffs zu analysieren.

§ 7 Normativität des Rechts

I. Recht und regelhaftes Verhalten

Der Mensch ist von seiner Geburt an Subjekt sozialer Bezugssysteme; zur Befriedigung seiner elementaren Bedürfnisse tritt er zu seinen Mitmenschen in Kontakt. Es ist eine unmittelbare Erfahrung, daß sich die daraus entstehenden Sozialbeziehungen nicht willkürlich abwickeln, sondern nach bestimmten Regeln. Das läßt auf das Bestehen bestimmter Verhaltensordnungen — etwa Traditionen, Gewohnheiten, religiöse oder moralische Überzeugungen, Recht — in der Gesellschaft schließen.[21]

---

[19] *D. A. Kerimov*, S. 159.

[20] *AllThSR I*, S. 279.

[21] Vgl. nur *W. Maihofer*, Vom Sinn menschlicher Ordnung, Frankfurt 1956, S. 43 ff.; *H. Ryffel*, Rechtssoziologie, Neuwied 1974, S. 122 ff.

Die Summe aller dieser das menschliche Zusammenleben ordnender Systeme wird hier als die Sozialordnung bezeichnet.[22] Dem Recht kommt für die Regelung der Sozialbeziehungen eine hervorragende Bedeutung zu; denn als einzige Verhaltensordnung sanktioniert es anordnungswidriges Verhalten vermittels staatlichen Zwanges. Im Zwangscharakter wird daher von zahlreichen Autoren das entscheidende Abgrenzungskriterium des Rechts von anderen sozialen Ordnungssystemen gesehen.[23]

Die bisher vorgenommene Qualifizierung des Rechts als sozialer Verhaltensordnung läßt zwei verschiedene Deutungen zu:

Das Recht könnte danach als Seinsordnung im Sinne empirisch feststellbarer Regelmäßigkeiten menschlichen Verhaltens aufgefaßt werden. Recht ist dann die Tatsache, daß die Bürger und Staatsorgane sich in bestimmten Situationen mit einer gewissen Regelmäßigkeit in bestimmter Weise verhalten, unabhängig von den Normen, die dieses Verhalten motivieren.[24] Die zweite mögliche Deutung ist, daß das Recht als Sollensordnung, als Inbegriff normativer — das menschliche Verhalten verbindlich vorschreibender — Sinngehalte (Regeln) aufgefaßt wird. Recht ist dann jedes formal gültig zustande gekommene Gesetz.[25]

Die Bestimmung des Rechts als das „System allgemeinverbindlicher Normen" läßt ohne weiteres den Schluß zu, daß die marxistische Rechtstheorie gegenwärtig einen normativen Rechtsbegriff vertritt. Die Tatsache, daß die Normen wirklich befolgt und vollzogen werden, wird

---

[22] Wie hier *H. Henkel* (Anm. 9), S. 32; andere Autoren sprechen von „sozialem Ordnungsgefüge", so *E. E. Hirsch*, Das Recht im sozialen Ordnungsgefüge, Berlin 1966, S. 27 oder von „gesellschaftlichem Ordnungssystem", so *M. Rehbinder*, Die Begründung der Rechtssoziologie durch Eugen Ehrlich, Berlin 1967, S. 34 ff.

[23] *M. Weber*, Rechtssoziologie, 2. Aufl., Neuwied 1967, S. 71; *Th. Geiger*, Vorstudien zu einer Soziologie des Rechts, 2. Aufl., Neuwied 1964, S. 43, 157.

[24] Auf diesem extremen Standpunkt steht wohl nur der skandinavische Rechtsrealismus, vgl. dazu *A. V. Lundstedt*, Die Unwissenschaftlichkeit der Rechtswissenschaft, Bd. I, Berlin 1932, S. 252 f.; *H. H. Vogel*, Der skandinavische Rechtsrealismus, Frankfurt/M. 1972; *M. Dietz*, Schwedische Rechtsphilosophie, JuS 1980, S. 168—172; zur Kritik dieser Auffassung *S. Jørgensen*, Values in Law: ideas, principles and rules, Kopenhagen 1978, S. 50 ff.

Als verwirklichte Normenordnung — also nicht nur an vorgegebenen Normen sich orientierend, sondern auch an der Tatsache ihrer Befolgung — betrachten soziologische Begriffsbestimmungen das Recht. Repräsentativ sind für die bürgerliche Rechtsphilosophie die Begriffsbestimmungen von *E. Ehrlich*, Grundlegung der Soziologie des Rechts, 3. Aufl., Berlin 1967, S. 15 f., 69 ff.; *Th. Geiger* (Anm. 23), S. 44 ff.; vgl. hierzu auch *R. Zippelius*, Gesellschaft und Recht, Grundbegriffe der Rechts- und Staatssoziologie, München 1980, S. 40 ff.

[25] *H. Kelsen* (Anm. 7), S. 197, 209: „Alle Normen, deren Geltung auf ein und dieselbe Grundnorm zurückgeführt werden kann, bilden ein System von Normen, eine normative Ordnung." Allerdings kann Kelsen diese rein normative Betrachtungsweise nicht durchhalten, vgl. dazu oben Anm. 9.

nicht in den Rechtsbegriff einbezogen. Damit bewegt sich die marxistische Rechtskonzeption durchaus im Basis-Überbau-Schema. Anders als Stučka, der die gesellschaftlichen Verhältnisse, die Basis, als das Recht ansah, stellen die Rechtstheoretiker in den sozialistischen Staaten gegenwärtig nicht in Frage, daß das Recht als geistige Erscheinung ausschließlich dem Überbau zuzuordnen ist. Autoren, die sich für eine Einbeziehung der vollzogenen gesellschaftlichen Verhältnisse in den Rechtsbegriff ausgesprochen haben, konnten sich nicht durchsetzen.[26] Hierzu zählt Haney, der in den sechziger Jahren darauf hinwies, daß das Recht nicht isoliert von der gesellschaftlichen Tatsache seiner Verwirklichung betrachtet werden dürfe:[27]

„Der Begriff des sozialistischen Rechts läßt sich deshalb nicht auf die ‚Gesamtheit der rechtlichen Verhaltensnormen' reduzieren. Er bildet eine Einheit von Interesse (einschließlich des Wertes und der Bewertung), Norm und Handeln. Diese drei Seiten — die nicht miteinander identisch sind — stellen eine bewegte Einheit dar, sie beeinflussen sich gegenseitig."

Die Kritiker dieser Auffassung haben eingewandt, daß die Funktion des Rechts als Verhaltensmaßstab — als Regulator menschlichen Verhaltens — durch eine erweiterte Formulierung des Rechtsbegriffs untergraben würde.[28] Denn würde auch das regelhafte Verhalten in den Rechtsbegriff einbezogen, könnte das Recht nicht mehr als Regulator dieses Verhaltens aufgefaßt werden.[29]

Durch diese Beschränkung nimmt die marxistische Rechtstheorie eine sehr formale Bestimmung ihres Gegenstandes vor, wodurch naturgemäß die instrumentale Seite des Rechts, seine Funktion als staatliches Leitungs- und Machtinstrument besonders hervorgehoben wird. In dieser Funktion wird denn auch allgemein der „soziale Hauptauftrag" des Rechts gesehen.[30]

II. Gesellschaftliches Sein und rechtliches Sollen

Die Bestimmung des Rechts als Normensystem bedeutet eine Beschränkung auf die Sphäre des Sollens; denn der Inhalt der Normen ist intentional darauf gerichtet, daß der Normadressat etwas tut oder unterläßt.

---

[26] Vgl. *MLSR*, S. 407; *D. Joseph* (Anm. 2), S. 1875; *I. Wagner*, Zur Normativität des sozialistischen Rechts, StuR 1975, S. 634—648, 643.

[27] *G. Haney / I. Wagner* (Anm. 1), S. 119; in Gefolgschaft von Haney haben auch andere Autoren diese Position eingenommen, vgl. *H.-P. Richter*, Sozialistisches Recht und Gesamtinteresse, Diss. jur., Jena 1973, S. 1—17; *B. Oehme*, Der Handlungsbegriff des sozialistischen Rechts, Diss. jur., Jena 1974, S. 1—29.

[28] *I. Wagner* (Anm. 26), S. 636 m. w. N.

[29] *MLSR*, S. 407.

[30] *I. Wagner* (Anm. 26), S. 641 m. w. N. aus der sowjetischen Literatur; *MLSR*, S. 407.

Der Inhalt der Norm ist das gesollte Verhalten.[31] Zwar kann das Normensystem als objektivierter, vom Willen und Bewußtsein der Menschen unabhängiger, existentieller Sinngehalt und damit als ein „geistiges" Sein aufgefaßt werden. Dieses „geistige" Sein ist aber von dem empirischen Sein der Normverwirklichung abzugrenzen.

Wenn auch der Unterschied zwischen Sein und Sollen nicht näher definierbar ist, so ist er doch dem menschlichen Bewußtsein unmittelbar gegeben.[32] Die Auffassung Klenners, wonach eine solche Unterscheidung nicht möglich sei, ist im sozialistischen Rechtskreis nicht aufgegriffen worden.[33] Die Beschränkung auf die Ebene des Sollens bedeutet aber nicht, daß das gesellschaftliche Sein und das rechtliche Sollen beziehungslos nebeneinander stehen.

Anders als die Reine Rechtslehre, nach der daraus, daß etwas ist, nicht folgen kann, daß etwas sein soll,[34] geht die marxistische Rechtskonzeption von einem Determinationszusammenhang zwischen sozialen Zuständen und dem Inhalt der Normen aus. Der in der Norm enthaltene Verhaltensmaßstab ergibt sich danach als Widerspiegelungsgehalt der in den realen gesellschaftlichen Verhältnissen gegebenen Sachverhalte. Dieses gesellschaftliche Sein stellt zwar nicht das Recht dar, wohl aber seine Grundlage. Daneben sollen ideelle Faktoren, d. h. von den realen gesellschaftlichen Verhältnissen unabhängige Ideen des Gerechten oder Sittlichen keinen Einfluß auf den Normgehalt haben.[35]

---

[31] *G. Radbruch*, Rechtsphilosophie, 8. Aufl., Stuttgart 1973, hrsg. von E. Wolf und H.-P. Schneider, S. 174; *K. Larenz*, Das Problem der Rechtsgeltung, Berlin 1929 (Nachdruck 1967), S. 16; *H. Henkel* (Anm. 9), S. 24. Allerdings haben nicht alle Normen Forderungscharakter; zum Teil enthalten sie auch die Ermächtigung oder Erlaubnis zu einem Verhalten, vgl. hierzu aus marxistischer Sicht *V. Peschka*, Die Theorie der Rechtsnormen, Budapest 1982, S. 84 ff.

[32] *H. Kelsen* (Anm. 7), S. 5; Kubeš unterscheidet zwischen reinem Sollen (i. S. einer a priorischen Normidee) und abgeleitetem Sollen (i. S. der kodifizierten Rechtsordnung), vgl. *V. Kubeš*, Grundfragen der Philosophie des Rechts, Forschungen aus Staat und Recht, Bd. 39, Wien/New York 1977, S. 35 f.

[33] *H. Klenner*, Rechtsleere — Verurteilung der Reinen Rechtslehre, Frankfurt/M. 1972, S. 41: „Wenn man unter ‚Sein' die Gesamtheit aller existierenden Sachverhalte versteht, ist auch das ‚Sollen' ein Sein." Dagegen *V. Peschka*, Grundprobleme der modernen Rechtsphilosophie, Budapest 1974, S. 46 ff.; *W. Grahn*, Vom gesellschaftlichen Sein zum rechtlichen Sollen — Methodische Aspekte, in: Zur marxistischen Rechtskonzeption, Beiträge zum IVR Weltkongreß 1979 in Basel, Berlin (Ost) 1979, S. 1—19.

[34] *H. Kelsen* (Anm. 7), S. 5 ff., 196; vgl. dazu auch *G. Winkler*, Sein und Sollen, Rechtstheorie 1979, S. 257 ff.; *R. Dreier*, Recht — Moral — Ideologie, Franfurt/M. 1981, S. 217 ff., 241 ff.; *G. Radbruch* (Anm. 31), S. 69 f.

[35] Aus der Sicht moderner Rechtssoziologien scheint weder das eine noch das andere Extrem vertretbar zu sein. Sicherlich beeinflussen sowohl ideelle als auch materielle Faktoren das Recht, vgl. zur Kritik der marxistischen Auffassung in diesem Punkt den dritten Abschnitt; vgl. auch *H.-W. Schünemann*, Sozialwissenschaften und Jurisprudenz, München 1976, S. 13 ff.

Die oben beschriebene Auffassung von dem Recht als „Regulator der gesellschaftlichen Verhältnisse“[36] deutet darauf hin, daß umgekehrt auch ein Determinationszusammenhang zwischen Sollen und Sein besteht. Denn die Funktion der Normen besteht ja darin, im realen Sein verwirklicht zu werden. Im Prozeß der Rechtsverwirklichung findet also eine Umbildung des rechtlichen Sollens in gesellschaftliches Sein statt.[37]

Diesen Beziehungen zwischen Gesellschaft und Recht wird in der marxistischen Rechtstheorie seit der Entstalinisierung und der offiziellen Verwerfung des rein normativen Rechtsbegriffs Vyšinskijs zunehmend Beachtung geschenkt. Es wäre daher verfehlt, der marxistischen Rechtskonzeption von vornherein jeglichen Soziologismus abzusprechen. Nach ihrem theoretischen Grundverständnis weist sie insoweit keine Gemeinsamkeiten mit jenen Theorien des bürgerlichen Positivismus auf, die das Recht als ein in sich geschlossenes System von Sollensnormen unter Ausschluß der gesellschaftlichen Verhältnisse betrachten.[38]

III. Recht und Rechtsverhältnis

1. Begriff des Rechtsverhältnisses

Ein umfassendes Verständnis des Rechts als Sollensordnung impliziert im Anschluß an die Merklsche Stufenbaulehre nicht bloß einen Bezug auf abstrakt generelle Normen, wie Verfassung, Gesetz und Satzung. Auch jene individualisierenden Normen, durch die der Normgehalt des Gesetzes erst auf bestimmte Rechtssubjekte bezogen wird — Gerichtsentscheidungen, Verwaltungsakte, Rechtsgeschäfte — können als Bestandteile der Sollensordnung aufgefaßt werden.[39] Diese Formen der Verwirklichung abstrakt genereller Normen durch die Begründung konkreter Beziehungen zwischen zwei oder mehr Subjekten werden als Rechtsverhältnisse bezeichnet.[40]

---

[36] *AllThSR I,* S. 280.

[37] Vgl. *N. Achterberg,* Die Rechtsordnung als Rechtsverhältnisordnung, Grundlegung der Rechtsverhältnistheorie, Berlin 1982, S. 47 f. Diese Aussage ist auch vom marxistischen Standpunkt, der von der ausschließlichen Determination des Überbaus durch die Basis ausgeht, unproblematisch.

[38] Insoweit zutreffend *I. Wagner* (Anm. 26), S. 643; vgl. auch *H. Wagner,* Reine Rechtslehre und marxistische Rechtstheorie, in: Schriftenreihe des Hans Kelsen Instituts, Bd. 3, Reine Rechtslehre und marxistische Rechtstheorie, Wien 1978, S. 109—121, 117.

[39] Vgl. hierzu *J. Behrend,* Untersuchungen zur Stufenbaulehre Adolf Merkls und Hans Kelsens, Berlin 1977; *H. Nawiasky,* Allgemeine Rechtslehre, Zürich 1948, S. 43 ff.; *K. Engisch,* Auf der Suche nach der Gerechtigkeit, München 1971, S. 44 ff.

[40] *N. Achterberg* (Anm. 37), S. 31 m. w. N.; *AllThSR I,* S. 393; *MLSR,* S. 584.

Es bedarf allerdings nicht in jedem Falle der Individualisierung und Konkretisierung des Gesetzes durch Rechtsverhältnisse. In den allermeisten Fällen löst bereits der Regelungsgehalt des Gesetzes bei den Normadressaten bestimmte Verhaltenserwartungen und -bereitschaften aus.[41] Soweit die Gesetze zwingend ein bestimmtes Verhalten vorschreiben, verwirklicht sich das Gesetz bei normgemäßem Verhalten ohne das Hinzutreten individualisierender Akte. Das gleiche gilt hinsichtlich solcher Normen, die nur einen Rechtsstatus (z. B. die Rechtsfähigkeit) regeln.

Für den sozialistischen Rechtskreis ist das Verständnis des Rechtsverhältnisses als ein „durch Rechtsnormen geregeltes gesellschaftliches Verhältnis"[42] nicht selbstverständlich. Marx hat im Vorwort zur Kritik der politischen Ökonomie bekanntlich formuliert:[43]

> „Meine Untersuchung mündet in dem Ergebnis, daß Rechtsverhältnisse ... weder aus sich selbst zu begreifen sind noch aus der sogenannten allgemeinen Entwicklung des menschlichen Geistes, sondern vielmehr in den materiellen Lebensverhältnissen wurzeln ..."

Marx sah also die ökonomischen Verhältnisse als ausschließliche Determinante der Rechtsverhältnisse an. Im Anschluß daran hat Pašukanis das Recht als das durch die Warenbeziehungen determinierte System der Rechtsverhältnisse definiert. Die Normenordnung hatte nach seiner Auffassung für das Recht keine Bedeutung.[44] Dadurch war nicht zu erklären, daß nicht jedes ökonomische Verhältnis einer rechtlichen Regelung unterliegt, sondern vielmehr zahlreiche Sozialbeziehungen im rein gesellschaftlichen Bereich verbleiben.[45]

Nicht zuletzt wegen dieser Schwächen, die auch in der Formulierung Marx' zutage treten, wird gegenwärtig — soweit ersichtlich — nicht in Zweifel gezogen, daß das Entstehen von Rechtsverhältnissen in Wirklichkeit eine Folge der Regelung menschlichen Verhaltens durch abstrakt generelle Normen ist.[46] Es gibt demnach keine Rechtsverhält-

---

[41] Daß es nicht in jedem Falle der Konkretisierung der Rechtsnormen in Rechtsverhältnissen bedarf, ist jetzt auch in den sozialistischen Staaten allgemeine Meinung, vgl. *AllThSR I*, S. 401; *D. A. Kerimov*, Verfassung der UdSSR und politisch-rechtliche Theorie, Berlin (Ost) 1981, S. 155 m. w. N.; a. A. noch *A. A. Piontkovskij*, Aktuelle Fragen der allgemeinen sozialistischen Rechtstheorie, in: Aktuelle Beiträge der Staats- und Rechtswissenschaft, Heft 63, Probleme des sowjetischen sozialistischen Staates und Rechts in der gegenwärtigen Periode, Bd. I, Potsdam 1969, S. 7—71, 25; vgl. hierzu aus der Sicht der bürgerlichen Rechtssoziologie *H. Ryffel* (Anm. 21), S. 126 f.

[42] *MLSR*, S. 584.

[43] *K. Marx*, Vorwort zur Kritik der politischen Ökonomie, MEW, Bd. 13, S. 8.

[44] *J. B. Pašukanis*, Allgemeine Rechtslehre und Marxismus, Wien/Berlin 1929, Neudruck Frankfurt/M. 1966, S. 60.

[45] Vgl. dazu *N. Achterberg* (Anm. 37), S. 109.

[46] Z. T. wurde in der sowjetischen Literatur geäußert, daß durch die Rechts-

nisse, solange nicht entsprechende Rechtsnormen vorhanden sind. Erst durch bestimmte Willensakte der darin genannten Normadressaten werden konkrete Rechtsverhältnisse begründet. Als „willensabhängige" Verhältnisse sind sie ohne weiteres dem ideologischen Überbau zuzuordnen.[47] Zwar stellen die Rechtsverhältnisse — losgelöst von den sich darin gegenüberstehenden Rechten und Pflichten — empirische Tatsachen im Sinne des gesellschaftlichen Seins dar.[48] Dadurch werden sie aber nicht mit den gesellschaftlichen Verhältnissen, auf die sie sich beziehen, identisch: die Tatsache, daß ein Vertrag geschlossen wird, ist nicht identisch mit der Tatsache, daß aufgrund dieses Vertrages Waren ausgetauscht werden. Folglich können die Rechtsverhältnisse und sonstigen willensabhängigen Verhältnisse auch in ihrer Gesamtheit nicht mit der ökonomischen Basis identifiziert werden: denn die Basis stellt nicht die Gesamtheit der Willensverhältnisse, sondern der sogenannten Produktionsverhältnisse dar.[49]

Die Rechtsnormen regeln demnach nicht den materiellen Gehalt der Produktionsverhältnisse, sondern sie wirken unmittelbar nur auf die Willensakte der an der gesellschaftlichen Produktion und am Austausch Beteiligten ein. Nur im Ergebnis, als entfernte Folge der Einwirkung der Rechtsnormen auf die einzelnen willensabhängigen Verhältnisse werden auch Wirkungen auf die ökonomische Basis erzielt.[50]

2. Folgen der Nichteinbeziehung der Rechtsverhältnisse in den Rechtsbegriff

Im Anschluß an diese begriffliche Präzisierung stellt sich die Frage, ob die marxistische Rechtstheorie die Rechtsverhältnisse gegenwärtig

---

normen Rechtsverhältnisse geregelt werden, vgl. *O. S. Joffe,* Das Rechtsverhältnis nach dem sowjetischen Zivilrecht, Leningrad 1949 (russ.), S. 19, zitiert bei *S. F. Ketschekjan,* Rechtsnormen und Rechtsverhältnisse, RID 1956, Spalte 197—206, 198.

[47] Vgl. nur *MLSR,* S. 583.

[48] *N. Achterberg* (Anm. 37), S. 117; unklar ist die Formulierung im Lehrbuch der DDR, vgl. *MLSR,* S. 584: „Das Rechtsverhältnis, z. B. das Kaufrechtsverhältnis, ist weder mit dem faktischen gesellschaftlichen Verhältnis, dem Austauschverhältnis, identisch noch steht es als Konkretisierungsstufe der Verhaltensmöglichkeit zwischen Rechtsnormen und faktischem Verhältnis, noch existiert es als ideologisches Verhältnis getrennt von dem faktischen gesellschaftlichen Verhältnis."

[49] Die Rechtsverhältnisse wurden auch von Marx als „Willensverhältnisse" von den materiellen Produktionsverhältnissen unterschieden, vgl. *K. Marx,* Das Kapital, Bd. 1, MEW, Bd. 23, S. 99 f.; in der sowjetischen Literatur wird gegenwärtig zwischen den „gesellschaftlichen Produktionsverhältnissen" und den „Willensabhängigen ideologischen Verhältnissen" unterschieden, vgl. *AllThSR IV,* S. 344 m. w. N. aus der sowjetischen Literatur.

[50] *AllThSR I,* S. 345. Diese Feststellung läßt bereits den Rückschluß zu, daß die ökonomische Basis auch durch einen autonomen menschlichen Willen gestaltbar ist, vgl. dazu unten § 12 II 2.

als Bestandteil des Rechts oder nur als Resultat seiner Verwirklichung auffaßt. Die Frage war Gegenstand der sowjetischen Diskussion um den normativen oder soziologischen Rechtsbegriff in der Zeit nach der Entstalinisierung.[51] Damals hat sich bekanntlich die normative Begriffsbestimmung durchgesetzt. Im Jahre 1973 wurde die Frage anläßlich der Unionskonferenz zu aktuellen Problemen der Staats- und Rechtstheorie erneut zur Diskussion gestellt. Diesmal fand die soziologische Konzeption viele Anhänger, darunter auch zahlreiche Autoren, die bis dahin die traditionelle Definition vertreten hatten.[52]

Trotz dieser Entwicklung ist gegenwärtig noch davon auszugehen, daß sich die Mehrzahl der Wissenschaftler gegen eine Einbeziehung der Rechtsverhältnisse in den Rechtsbegriff ausspricht. Die Maßgeblichkeit dieser Ansicht wird insbesondere in der DDR nicht in Zweifel gezogen und entspricht auch der in den Lehrbüchern vertretenen offiziellen Tendenz.[53]

Die Befürworter der soziologischen Konzeption berufen sich auf die Klassiker. Marx hat im „Vorwort zur Kritik der politischen Ökonomie" nicht von Rechtsnormen, sondern von Rechtsverhältnissen gesprochen. Auch die bekannte Definition des Rechts als des „zum Gesetz erhobenen Willens" aus dem „Manifest der kommunistischen Partei" läßt es nicht zu, die Rechtsverhältnisse aus dem Begriff des Rechts auszuschließen:[54] denn Marx hat mit dieser Formulierung gerade den bürgerlichen Rechtsbegriff kritisieren wollen. Dies ergibt sich ohne jeden Zweifel, wenn man die Äußerung im „Manifest der kommunistischen Partei" mit den eineinhalb Jahre zuvor geschriebenen Ausführungen in der „Deutschen Ideologie" vergleicht, wo es über den bürgerlichen Staat heißt:[55]

---

[51] Vgl. dazu die Nachweise im ersten Abschnitt, Anm. 95—97.

[52] Hierzu zählt Kerimov, vgl. die Nachweise bei *D. A. Kerimov* (Anm. 41), S. 148 ff. Die traditionelle Definition hatte er noch in seinem 1972 in der UdSSR erschienenen Band Philosophische Probleme des Rechts (Anm. 6), S. 151 ff. vertreten.

[53] Vgl. die Nachweise bei *D. A. Kerimov* (Anm. 41), S. 150; *P. I. Nedbailo*, Einführung in die marxistische Rechts- und Staatstheorie, Köln 1973, S. 13 f.; *MLSR*, S. 583; *AllThSR IV*, S. 256; *R. Arlt*, Zu einigen Grundfragen der marxistisch-leninistischen Rechtstheorie in der DDR, StuR 1969, S. 1414 ff.; *R. Arlt / G. Stiller*, Entwicklung der sozialistischen Rechtsordnung in der DDR, Berlin (Ost) 1973, S. 32; *D. Joseph* (Anm. 2), S. 1881; *I. Wagner* (Anm. 26), S. 639; *I. E. Farber*, Über den Begriff des Rechts, SGP 1957/1, S. 38—49, dt. in RID 1957, Sp. 217—229; vgl. jüngst *R. Svensson / R. Will*, Diskussion zum marxistisch-leninistischen Rechtsbegriff, StuR 1982, S. 78/79.

[54] Die in der Diskussion im Jahre 1973 vorgebrachten Argumente gleichen im wesentlichen denjenigen, die bereits in den sechziger Jahren genannt wurden, vgl. *A. A. Piontkovskij*, Einige Fragen der allgemeinen Theorie des Staates und des Rechts, SGP 1956/1, S. 14—27, dt. in RID 1956, Sp. 183—198; *S. F. Ketschekjan* (Anm. 46), Sp. 201.

[55] *K. Marx / F. Engels*, Deutsche Ideologie, MEW, Bd. 3, S. 62.

„Da der Staat die Form ist, in welcher die Individuen einer herrschenden Klasse ihre gemeinsamen Interessen geltend machen und die ganze bürgerliche Gesellschaft einer Epoche sich zusammenfaßt, so folgt, daß alle gemeinsamen Institutionen durch den Staat vermittelt werden, eine politische Form erhalten. Daher die Illusion, als ob das Gesetz auf dem Willen, und zwar auf dem von seiner realen Basis losgerissenen, dem freien Willen beruhe. Ebenso wird das Recht dann wieder auf das Gesetz reduziert."

Im übrigen läßt sich die soziologische Konzeption der Klassiker auch aus späteren Schriften nachweisen. In der „Kritik an Max Stirner" schreibt Marx:[56]

„Daher die Illusion, als ob das Gesetz auf dem Willen, und zwar auf dem von seiner realen Basis losgerissenen, dem freien Willen beruhe. Ebenso wird das Recht dann wieder auf das Gesetz reduziert."

Das Anliegen der soziologischen Richtung in der marxistischen Rechtstheorie besteht gegenwärtig aber nicht nur darin, die Übereinstimmung mit den Klassikern wiederherzustellen. Die Autoren betrachten die traditionelle Definition als unzureichende Beschreibung ihres Gegenstandes: denn sie könne das Recht nur instrumental, aber nicht als kompliziertes soziales System begreifen. Im übrigen bestehe ein wesentlicher Mangel der normativen Begriffsbestimmung darin, daß sie nicht beantworten könne, ob auch solche Normen als Recht anzuerkennen sind, die zwar von den zuständigen Organen in festgelegten Verfahren erlassen wurden, aber den allgemeinmenschlichen Vorstellungen von den Werten des Lebens, Demokratie, Moral, Gleichheit, Gerechtigkeit, Humanität und Gesetzlichkeit widersprechen.[57] Darüber hinaus trage sie der Tatsache nicht Rechnung, daß sich das gesellschaftliche Leben — insbesondere das Verhalten staatlicher Leitungsorgane — häufig nicht nach Rechtsnormen, sondern nach sogenannten „nichtnormativen Regelungen" abwickelt.[58] Schließlich sei die traditionelle Definition in sich widerspruchsvoll:[59]

„Wenn die Grundlage, das Wesen und der Inhalt des Rechts der Wille der herrschenden Klasse ist, dann ist es allein schon deshalb ausgeschlossen, das Recht lediglich auf eine Gesamtheit von Normen zu reduzieren; weil dieser Wille selbst nicht aus Normen besteht, sondern eine gegenständliche Art des Bewußtseins ist, d. h. eine sich bereits in praktischen Handlungen realisierende Form des Bewußtseins. Mit anderen Worten: wenn die Rechtsnormen Ausdruck des Willens der herrschenden Klasse sind, so kann das

---

[56] *K. Marx / F. Engels*, Kritik an Max Stirner, MEW, Bd. 3, S. 310. Hierauf beruft sich *D. A. Kerimov* (Anm. 41), S. 152.

[57] *D. A. Kerimov*, S. 154 m. w. N. In dieser Formulierung klingen sogar Zweifel am Erkenntnismonopol der kommunistischen Partei an.

[58] *D. A. Kerimov*, S. 154. Mit „nicht-normativen Regelungen" sind die staatlichen Einzelakte gemeint, vgl. ders. (Anm. 6), S. 132 f.

[59] *D. A. Kerimov*, S. 155. Diese Ausführungen sind durchaus repräsentativ für die soziologische Richtung. Ähnlich lautende Äußerungen von Farberow, Lukaschewa und Tscherdanzew sind z. T. wörtlich bei D. A. Kerimov, S. 148 ff. wiedergegeben.

Recht schon deshalb nicht eine statische Gesamtheit von Normen, sondern muß die Dynamik dieser Normen, die Gesamtheit der sich realisierenden Normen sein. Wille ist nur dann Wille, wenn er wirkt, wenn er sich realisiert, sich ‚vergegenständlicht'. Die Hauptform, in der sich die Normen realisieren, sind die Rechtsverhältnisse, obgleich die Rechtsverhältnisse — wie in unserer Literatur wiederholt unterstrichen wurde — nicht die einzige Form der Realisierung von Rechtsnormen sind. Das Recht ist folglich mehr als seine bloße normative Existenz, es ist auch sein Funktionieren, die Realisierung des Rechts."

Die Kritiker der soziologischen Konzeption heben demgegenüber hervor, daß das Recht nicht mit der Tatsache seiner Verwirklichung verwechselt werden dürfe. Erst nachdem der Staat seinen Willen in Form von ihm erlassener Gesetze oder in anderer Weise (durch die Akzeptation gewohnheitsrechtlicher Normen) Ausdruck verliehen habe, können subjektive Rechte und Pflichten entstehen. Das einzelne Rechtsverhältnis stelle daher nur eine sekundäre Rechtserscheinung dar, die von den Rechtsnormen abgeleitet sei. Wollte man die einzelnen individuellen Akte, die der Verwirklichung der Rechtsnormen dienen und nach ihrer Erfüllung faktisch aufhören zu bestehen, als das Recht selbst bezeichnen, dann müßten auch die Gerichtsurteile, staatliche Weisungen, sowie andere staatliche Akte, die in der Mehrzahl für eine einmalige Anwendung auf konkrete und bestimmte Lebensumstände gedacht sind, in den Rechtsbegriff einbezogen werden. Damit bliebe die Rechtsbildung nicht den verfassungsrechtlich bestimmten staatlichen Organen vorbehalten, was letztlich nicht mit der Rechtssicherheit und der Gesetzlichkeit zu vereinbaren sei.[60]

Das Recht ist hiernach durch seinen „allgemeinen Charakter" von „nicht normativen" staatlichen oder privaten Entscheidungen abzugrenzen.[61] Der allgemeine Charakter der Rechtsnormen wird in Übereinstimmung mit dem in der bürgerlichen Rechtstheorie vorherrschenden analytisch-positivistischen Normbegriff dann für gegeben erachtet, wenn sich die Rechtsnormen an eine unbestimmte Vielzahl von Normadressaten richten und/oder die Zahl der geregelten Sachverhalte zum Zeitpunkt ihres Inkrafttretens unbestimmt ist.[62] Als Rechtsquellen werden daher von den Autoren der Allgemeinen Theorie nur die staatlichen Gesetze — einschließlich der Verfassung —, sogenannte Normativakte der Organe der Staatsverwaltung — dies sind allgemeine Regelungen, die aufgrund einer im Gesetz verankerten Kompetenz erlassen werden —, Gewohnheitsrecht, soweit es staatlich sanktioniert ist und die Normativakte der gesellschaftlichen Organisationen anerkannt, soweit ihnen vom staatlichen Gesetzgeber Rechtskraftqualität zugesprochen

---

[60] *I. Wagner* (Anm. 26), S. 639; *D. Joseph* (Anm. 2), S. 1881.

[61] *MLSR*, S. 522; *H. Winkelmann*, Die Lehre vom Verwaltungshandeln in der sowjetischen Verwaltungsrechtslehre, Berlin (Ost) 1973, S. 82.

[62] *MLSR*, S. 522 f.

worden ist.[63] Die Gerichtspraxis und der gerichtliche Präzedenzfall bilden dagegen ebensowenig eine Rechtsquelle wie die Rechtswissenschaft und die Verwaltungspraxis. Lediglich Entscheidungen des Obersten Gerichts werden als Rechtsquelle angesehen, wenn sie allgemeine Richtlinien aufstellen, die für andere Gerichte verbindlich sind.[64]

Die Einwendungen, denen die normative Begriffsbestimmung ausgesetzt ist, unterscheiden sich im Grunde nicht von denjenigen, die gegen die Klassiker des Rechtspositivismus erhoben werden.[65] Zwar vermeidet die marxistische Rechtstheorie deren Hauptmangel, indem sie im Prozeß der Rechtsschöpfung die essentielle Seite des Rechts, d. h. die Festlegung des Rechtsinhalts durch bestimmte Vorgegebenheiten, mitberücksichtigt. Durch die Nichteinbeziehung der Rechtsverhältnisse in den Rechtsbegriff verschließt sie den Blick aber vor der Frage, wie das Gesetz verwirklicht wird. Denn sie berücksichtigt nicht, daß die Konkretisierung der Rechtsnormen im Rechtsverwirklichungsprozeß mit Entscheidungen verbunden ist, die nicht nur durch die Rechtsnormen, sondern durch eine Vielzahl gesellschaftlicher, individueller und anderer Bedingungen determiniert sind. Die Konkretisierung der Rechtsnormen ist gerade kein bloßer Subsumtionsvorgang, in dem durch formal-logische Schlüsse aus den Normen bestimmte Entscheidungen abgeleitet werden. Das wird offenkundig bei der Auslegung ausfüllungsbedürftiger — normativer — Rechtsbegriffe. Aber auch bei der Subsumtion unter deskriptive Begriffe wird der Rechtsanwender seine Entscheidung häufig nicht rational, sondern intuitiv — aus dem Rechtsgefühl oder dem gesunden Menschenverstand — schöpfen. Die getroffene Entscheidung wird dann nur nach außen hin aus der Rechtsnorm begründet.[66] Das Rechtsverhältnis kann daher nicht lediglich als das

---

[63] *AllThSR I,* S. 419 ff.; *MLSR,* S. 508; vgl. zur Rechtsquellenlehre in der DDR ausf. *K. Ebel,* Der Gesetzesbegriff im Recht der DDR, Diss. jur., Göttingen 1976, S. 61 ff.; zur Rechtsquellenlehre in der Sowjetunion *R. Lucas,* Quellen und Formen des Sowjetrechts, Bad Herrenalb 1965, S. 71 ff.; zum Begriff des Normativaktes *AllThSR IV,* S. 252 ff.; *MLSR,* S. 506: „Mit dem Begriff Normativakt werden zwei gesellschaftliche Erscheinungen charakterisiert. Einmal wird der Begriff im Sinne von Ausdrucksformen des Rechts — z. B. Gesetz, Verordnung —, von Formen, in denen sich die Rechtsnormen äußern, in der die Rechtsnormen in Erscheinung treten, verwendet. Zum anderen wird der Begriff im Sinne von staatlicher Leitungsentscheidung verwendet, durch die die Rechtsnormen gesetzt, geändert oder aufgehoben werden."

[64] *AllThSR I,* S. 442 f.

[65] Ein solch klassischer Vertreter des Rechtspositivismus ist etwa Montesquieu: „Die Richter der Nation aber sind ... nur der Mund, der die Worte des Gesetzes ausspricht, unbeseelte Wesen, die weder die Kraft noch die Strenge desselben mäßigen können", vgl. *Ch. Montesquieu,* Geist der Gesetze, Neudruck, Leipzig 1948, Buch XI, Kap. VI, S. 51 f.; zum Verhältnis Gesetzes-Richterrecht unter dem Aspekt der marxistischen Rechtstheorie auch ausführlich *V. Peschka* (Anm. 33), S. 172 ff.

[66] Letztlich ausschließlich auf richterliche Intuition führen die Vertreter der Freirechtsschule die Rechtsanwendung zurück, vgl. etwa *H. Isay,* Rechts-

Abbild der Rechtsnormen, bezogen auf konkrete Subjekte, betrachtet werden, wie dies die Reine Rechtslehre intendiert.[67] Diese Auffassung teilen die Rechtstheoretiker in den sozialistischen Staaten durchaus; allerdings — wie aufgezeigt — ohne daraus die notwendigen Konsequenzen für die Formulierung des Rechtsbegriffs zu ziehen.[68]

Darüber hinaus ist das Phänomen dispositiver Normen mit einer Beschränkung des Rechtsbegriffs auf das System abstrakt-genereller Rechtsnormen nicht zu erfassen. Denn die Möglichkeiten privatautonomer Vereinbarungen, zu deren Abwicklung generelle Rechtsnormen nur ersatzweise herangezogen werden, bleiben als Rechtsquelle ebenfalls unberücksichtigt. Lediglich völkerrechtliche Verträge sollen Rechtsqualität haben, wenn sie staatlich sanktioniert sind; denn sie beinhalten allgemeine Regeln, die die Beziehungen der Vertragsstaaten zueinander betreffen.

3. *Subjektive Rechte*

Der Begriff des subjektiven Rechts wird im rechtstheoretischen Schrifttum in einem mehrdeutigen Sinne gebraucht. Zum einen als die in den Rechtsnormen „allgemeinverbindlich statuierte, staatlich garantierte und geschützte bestimmte mögliche Verhaltensweise von Rechtssubjekten“[69]; so verstanden, ist es ein Element des objektiven Rechts. Zum anderen als die konkrete Berechtigung, die einem bestimmten Rechtssubjekt durch die Verwirklichung der Rechtsnormen in Rechtsverhältnissen eingeräumt wird und der auf der anderen Seite eine rechtliche Pflicht entspricht. In diesem — doppelten — Sinne ist das subjektive Recht als Rechtsbegriff in den sozialistischen Staaten heute außer Streit.[70]

---

norm und Entscheidung, Berlin 1929, S. 29; *O. Bülow*, Gesetz und Richteramt, Leipzig 1885, S. 45. Aber selbst wenn man dem nicht folgt, so ist doch anzuerkennen, daß irrationale Quellen bei der Rechtsfindung eine nicht unerhebliche Rolle spielen dürften, vgl. dazu *K. Engisch*, Einführung in das juristische Denken, 6. Aufl., Stuttgart 1976, S. 49.

[67] *H. Kelsen* (Anm. 7), S. 260; insofern unterscheidet sich Kelsen von soziologischen und existentialistischen Rechtsphilosophien, die die selbständige unabhängige Kraft der richterlichen Gewalt dem Gesetzgeber gegenüber betonen. Aber dennoch erkennt Kelsen — im Gegensatz zur marxistischen Rechtstheorie — die richterlichen Entscheidungen als individuelle Normen an.

[68] Vgl. *MLSR*, S. 538.

[69] *AllThSR IV*, S. 360 f.

[70] *AllThSR IV*, S. 360 f.; *MLSR*, S. 589; vgl. auch die verschiedenen in der rechtstheoretischen Literatur vertretenen Begriffsbestimmungen in: Objektive Gesetze, Recht, Handeln, Berlin (Ost) 1979, S. 113; *E. Poppe*, Gedanken zum Stand der Grundrechtstheorie und -forschung in der DDR, StuR 1975, S. 1333—1343, 1340; in den fünfziger Jahren wurde der Begriff subjektives Recht durch „Berechtigung“ ersetzt; ablehnend gegenüber der Anerkennung subjektiver Rechte in der sozialistischen Gesellschaft noch *G. Haney*, Das Recht der Bürger und die Entfaltung der sozialistischen Persönlichkeit, StuR

Die Ausgestaltung der subjektiven Rechte ist in den einzelnen Rechtsordnungen auf der Ebene der Verfassung durch „Grundrechte“ und auf der Ebene der einfachen Gesetzgebung in den verschiedenen Rechtszweigen erfolgt. Eine Untersuchung des positiv-rechtlichen Inhalts dieser subjektiven Rechte — insbesondere der Abwehrrechte gegenüber dem Staat — und ihrer praktischen Wirksamkeit muß rechtsdogmatischen Untersuchungen vorbehalten bleiben.[71] Vom rechtstheoretischen Standpunkt aus ist es jedoch notwendig, sich zu vergegenwärtigen, daß die Anerkennung „subjektiv-öffentlicher“ Rechte für die Rechtstheorie in den sozialistischen Staaten keine Selbstverständlichkeit ist.

Für Marx liegt das eigentliche Wesen des Menschen nicht in seiner Personenhaftigkeit, sondern in seiner Gesellschaftlichkeit; der Mensch ist in erster Linie Gattungswesen. Eine Trennung zwischen Allgemein- und Einzelinteresse — wie in der bürgerlichen Gesellschaft — könne nur dazu dienen, die egoistischen Interessen der herrschenden Klasse durchzusetzen. Dieser Geist der bürgerlichen Gesellschaft finde seinen Ausdruck auch in den Menschenrechten, die nichts anderes seien als die Rechte des egoistischen, des vom „Menschen und vom Gemeinwesen getrennten Menschen“.[72] In der kommunistischen Gesellschaft sei das Einzel- mit dem Allgemeininteresse identisch; erst in dieser Gesellschaft könne sich der Mensch daher als Gattungswesen entfalten.

Diese für die kommunistische Gesellschaft aufgezeigte Perspektive macht die Anerkennung überpositiver unverletzlicher und unveräußerlicher Rechte des einzelnen gegenüber dem Staat im Grunde hinfällig. Die Tatsache, daß derartige Rechte in der Sowjetunion und den anderen sozialistischen Staaten dennoch in Form sogenannter „Grundrechte“ positiv-rechtlichen Ausdruck finden, läßt den Schluß zu, daß die Einheit von gesellschaftlichen und individuellen Interessen selbst in der Sowjetgesellschaft, die sich als „entwickelte sozialistische Gesellschaft“ versteht, nicht erreicht ist.[73]

1962, S. 1063—1080, 1079; vgl. auch die Nachweise bei *A. A. Piontkovskij* (Anm. 41), S. 31, Fn. 38.

[71] Vgl. hierzu *O.-W. Jacobs*, Der Grundinhalt der subjektiven Rechte im deutschen und sowjetischen Rechtssystem, OER 1964, S. 258—292; *W. Brugger*, Marx und das Rechtsverständnis in der DDR, ROW 1978, S. 101—110; *A. Bilinsky*, Zur Problematik des subjektiven Rechts in der sowjetischen Rechtslehre, Jahrb. f. Ostr. 1960/II, S. 137 ff.; *H. Kaschkat*, Die sozialistischen Grundrechte in der DDR. Ihre Funktion und Entwicklung, Diss. jur., Würzburg 1976; *A. Blankenagel*, Zur Funktion der Grundrechte in der UdSSR. Eine Darstellung am Beispiel des Rechts auf Arbeit und des Rechts auf freie Meinungsäußerung, Diss. jur., München 1975.

[72] Nachweise bei *O.-W. Jacobs*, S. 265; vgl. auch *MLSR*, S. 413 ff. m. w. N.; *W. Grahn / I. Wagner*, Rechtliche und soziale Gleichheit, Berlin (Ost) 1977; *G. Haney*, Sozialistisches Recht und Persönlichkeit, Berlin (Ost) 1967.

[73] Vgl. hierzu *O. Luchterhand*, Der Rechtsschutz des einzelnen im Staats-

Die sozialistische Rechtslehre distanziert sich allerdings davon, den „Grundrechten“ eine überstaatliche Verbindlichkeit zuzuschreiben. Die subjektiven Rechte werden nur auf der Grundlage und im Rahmen des positiven Rechts eingeräumt. Damit stehen sie letztlich zur Disposition des staatlichen Gesetzgebers. Um dem daraus resultierenden Vorwurf eines „positivistischen Voluntarismus“[74] zu entgehen, wird in der sozialistischen Rechtstheorie aber hervorgehoben, daß der Staat die subjektiven Rechte stets in Übereinstimmung mit den Interessen der herrschenden Klasse statuiere. Diese seien in der sozialistischen Gesellschaft durch die Wirkungsweise der vom Staat erkannten objektiven Gesetzmäßigkeiten bestimmt.[75]

IV. Recht und Rechtsbewußtsein

Im Rechtschöpfungsprozeß verwirklichen sich bestimmte politische Ideen und Vorstellungen in der Gesellschaft vorhandener sozialer Gruppierungen. Nach dem Selbstverständnis demokratisch-pluralistischer Staaten muß sich das Recht als Kompromiß dieser verschiedenen in Widerstreit stehenden Anschauungen über die richtige Gestaltung der gesellschaftlichen Verhältnisse herausbilden. Dagegen kann nach dem marxistischen Selbstverständnis das Recht nur die politischen Vorstellungen einer sozialen Klasse widerspiegeln. Der materielle Gehalt des Rechts ist danach in jeder geschichtlichen Epoche das Produkt der mit einem absoluten Wahrheitsanspruch ausgestatteten politischen Theorie der herrschenden Klasse.[76]

Die rechtspolitischen Vorstellungen der am Rechtsbildungsprozeß beteiligten Personen oder Gruppen — das Rechtsbewußtsein[77] — hat

---

und Verwaltungsrecht, in: K. Westen / B. Meissner / F.-C. Schroeder (Hrsg.), Der Schutz individueller Rechte und Interessen im Recht der sozialistischen Staaten, Berlin 1980, S. 35—56, 41.

[74] Vgl. *V. Petev*, Rechtstheoretische Aspekte des Schutzes individueller Rechte und Interessen in der sozialistischen Gesellschaft, in: K. Westen / B. Meissner / F.-C. Schroeder (Hrsg.), (Anm. 73), S. 11—33, 26; zur sozialistischen Menschenrechtskonzeption *MLSR*, S. 413 ff.; *H. Klenner*, Marxismus und Menschenrechte, Studien zur Rechtsphilosophie, Berlin (Ost) 1982. Vgl. zu dem Buch Klenners — er ist Chefdelegierter der DDR bei der Menschenrechtskommission der Vereinten Nationen in Genf — die kritische Rezension von *P. Kunig*, in: Die Zeit, Ausg. vom 30. März 1984, S. 54.

[75] Dazu ausf. unten § 12 II 2.

[76] Vgl. zum Ideologiebegriff *V. Petev*, Soziale und ethische oder ideologische Natur des Rechts? (Zum Verhältnis von Ideologie, Politik und Recht), Beitrag zum IVR Weltkongreß, Mexiko 1982, in: Filosofia del derecho y filosofia de la cultura, Mexiko 1982, S. 131—138. Ideologie wird verstanden als jede politische Theorie, die mit einem absoluten Wahrheitsanspruch ausgestattet ist und keine anderen Erklärungs- und Gestaltungsmodelle neben sich duldet.

[77] Zum Begriff „Rechtsbewußtsein“ *Objektive Gesetze, Recht, Handeln* (Anm. 70), S. 239 ff.; *J. A. Lukaschewa*, Sozialistisches Rechtsbewußtsein und Gesetzlichkeit, Berlin (Ost) 1976, S. 114; *E. W. Nasarenko*, Sozialistisches

insofern Bedeutung für die inhaltliche Ausgestaltung der Rechtsnormen, als es die Grundlage für das Entstehen konkreter Rechtsforderungen ist, die schließlich in Rechtsnormen transformiert werden.[78] Die Frage nach der Einbeziehung des Rechtsbewußtseins in den Rechtsbegriff wird in der sozialistischen rechtstheoretischen Literatur noch kritischer beurteilt als die Einbeziehung der Rechtsverhältnisse. Befürworter einer solchen Konzeption sind in der Sowjetunion lediglich Mikolenko, Ostroumov und Kasimirtschuk, in der DDR einige Wirtschaftsrechtler.[79] Der größte Teil der Wissenschaftler lehnt diese Auffassung ab.[80] Auch in den Lehrbüchern wird durchgängig die Ansicht vertreten, daß das Rechtsbewußtsein zwar ein wichtiger Bestandteil des juristischen Überbaus, nicht aber des Rechtsbegriffs sei.[81]

Die Argumente gleichen denen, die gegen die Einbeziehung der Rechtsverhältnisse in den Rechtsbegriff vorgebracht werden: Das Rechtsbewußtsein verfüge über keinen allgemeinen Ausdruck und könne daher nicht als verbindlicher, allgemeiner und gleicher Maßstab für das Verhalten der Menschen dienen. Darüber hinaus würde eine Erweiterung der traditionellen Definition es möglich machen, daß der Schutz der gesellschaftlichen Verhältnisse auf der Grundlage der rechtlichen Vorstellungen und Ansichten der Richter verwirklicht werden könnte, nicht aber auf der Grundlage des Gesetzes. Das wäre mit den Forderungen nach Gesetzlichkeit und Rechtssicherheit unvereinbar.[82]

In diesem Sinne ist den Richtern in den sozialistischen Staaten grundsätzlich jede normsetzende Tätigkeit — etwa richterliche Rechtsfortbildung — verwehrt. Zwar sind die Richter nicht der Aufgabe enthoben, Lücken im Gesetz festzustellen und diese durch Analogien zu schließen. Diese Aufgabe bleibt aber im Rahmen der Rechtsanwendung. Darüber hinaus ist es den Gerichten nicht erlaubt, den Gesetzeswortlaut etwa eingetretenen Veränderungen der sozialen Verhältnisse oder der gesell-

---

Rechtsbewußtsein und Rechtsschöpfung, Berlin (Ost) 1974, S. 45; *MLSR*, S. 484; üblich ist die Unterscheidung von zwei Seiten des Rechtsbewußtseins, der Rechtsideologie, d. h. der Vorstellung und Ideen, wie das Recht beschaffen sein muß und der Rechtspsychologie, d. h. dem Rechtsethos, der inneren Akzeptation des Rechts. Hier wird nur auf die erste Seite, die Rechtsideologie, abgestellt. Es sei darauf hingewiesen, daß in der bürgerlichen Terminologie unter Rechtsbewußtsein zumeist die zweite Seite, die Rechtspsychologie, verstanden wird, vgl. *H. Ryffel* (Anm. 21), S. 281 ff.

[78] *MLSR*, S. 484.

[79] Die sowjetischen Autoren sind zitiert bei *D. A. Kerimov* (Anm. 6), S. 129; in der DDR *J. Becher*, Zur Anwendung der Leninschen Lehre vom Staat bei der Gestaltung des ökonomischen Systems des Sozialismus, Die Technik 1970, S. 761.

[80] Vgl. *D. A. Kerimov* (Anm. 6), S. 129 m. w. N.

[81] *AllThSR I*, S. 255; *MLSR*, S. 407.

[82] *D. A. Kerimov* (Anm. 6), S. 131; *I. Wagner* (Anm. 26), S. 639.

schaftlich-politischen Anschauungen anzupassen.[83] Dies gilt selbst dann, wenn sich die Rechtsanschauungen zwischen der Entstehung und der Anwendung des Gesetzes tiefgreifend verändert haben. Die Richter müssen sich einem hiernach möglichen Konflikt zwischen dem Inhalt der Rechtsnormen und den im Rechtsbewußtsein wurzelnden Vorstellungen über die richtige — den ökonomischen Verhältnissen entsprechende — Gestaltung der gesellschaftlichen Verhältnisse mit dem Hinweis auf den unverändert gebliebenen Gesetzeswortlaut entziehen. Dieses Ergebnis wird augenscheinlich durch die Gerichtspraxis in der Sowjetunion und der DDR bestätigt.[84] Soweit eine angemessene Beurteilung von diesem Standpunkt aus möglich ist, besteht allgemein die Tendenz, an der einmal bestehenden Rechtsauffassung festzuhalten. Bezeichnenderweise berufen sich die Gerichte in der Praxis zur Begründung ihrer Entscheidungen selten auf eigene Präjudizien oder Urteile anderer Instanzen, sondern vorrangig auf die einschlägigen Rechtsnormen.[85]

Nur den Obergerichten bleibt es vorbehalten, durch richterliche Korrekturen geltender Gesetze rechtsetzend tätig zu werden. Da deren Tätigkeit entsprechend dem Prinzip des demokratischen Zentralismus eng mit der Tätigkeit der politischen Führung verbunden ist, werden auf diese Weise politisch „richtige" Ergebnisse gewährleistet.[86] Diese Praxis steht mit der Interpretation der Überbaulehre durch die sozialistische Rechtstheorie in Widerspruch. Denn danach verändert sich das Recht in der sozialistischen Gesellschaft stets entsprechend der fortschreitenden Entwicklung der gesellschaftlichen Verhältnisse.[87] Die statisch wirkenden Rechtsnormen, die nur durch politische Reaktionen des staatlichen Gesetzgebers bzw. der Obergerichte abgeändert werden können, tragen aber naturgemäß sehr langsam der Dynamik der gesellschaftlichen Verhältnisse Rechnung. Diese Diskrepanz wird allgemein als „dialektischer Widerspruch" beschrieben, der die „Einheit von Flexibilität und Stabilität des sozialistischen Rechts" zum Ausdruck bringe.[88] Hinter dieser Haltung dürfte indes die Befürchtung stehen, daß die

---

[83] Vgl. hierzu die Untersuchung von *H. M. Pfarr*, Auslegungstheorie und Auslegungspraxis im Zivil- und Arbeitsrecht der DDR, Berlin 1972, insbes. S. 151 ff.

[84] Allerdings sind die Möglichkeiten richterlicher Rechtsfortbildung in der Sowjetunion selbst unter westlichen Autoren streitig, vgl. dazu *R. David / J. N. Hasard*, Le droit sovietique, Paris 1954, S. 252 ff.; *D. A. Loeber*, Rechtsvergleichung zwischen Ländern mit verschiedener Wirtschaftsordnung, RabelsZ 1961, S. 201 ff.; *R. Maurach*, Handbuch der Sowjetverfassung, München 1955, S. 304 ff.

[85] *D. A. Loeber*, S. 220.

[86] *H. M. Pfarr* (Anm. 83), S. 152 f.

[87] *N. Reich / H.-C. Reichel*, Einführung in das sozialistische Recht, München 1975, S. 40.

[88] *R. Arlt / G. Stiller* (Anm. 53), S. 120.

Bewertung der in der Gesellschaft vorhandenen rechtspolitischen Forderungen durch die Richter zu einer Schwächung der Autorität des staatlichen Gesetzgebers führen könnte. Der Unterschied, der insoweit zu der Rechtsauffassung in westlich-demokratischen Staaten besteht, wird bereits durch den Wortlaut des Artikel 20 Absatz 3 des Grundgesetzes deutlich. Die Bindung nicht nur an das staatliche Gesetz, sondern auch an das Recht eröffnet dem einzelnen Richter die Möglichkeit, Wertvorstellungen zu berücksichtigen, die der Verfassung zwar immanent, dem geschriebenen Gesetz aber nicht zu entnehmen sind. In diesem Rahmen kann der Richter rechtspolitische Forderungen in seine Entscheidungeen einfließen lassen.[89] Die gegenteilige sozialistische Auffassung setzt die Lückenlosigkeit der positiven staatlichen Rechtsordnung voraus. Als prinzipielle Forderung an die Rechtssicherheit ist dies durchaus vertretbar, praktisch aber nicht zu verwirklichen.[90]

V. Struktur der Rechtsnormen

Bisher wurden die Rechtsnormen, die als System nach der vorherrschenden Auffassung den Rechtsbegriff ausmachen,[91] lediglich durch ihren allgemeinen Charakter von „nicht normativen" Individualakten unterschieden. Die sonstigen formalen Eigenschaften gleichen infolge der normativen Begriffsbestimmung denen des Rechts überhaupt und werden — da die Untersuchung sich auf das System der Rechtsnormen beschränkt — in den folgenden Abschnitten erörtert.[92]

Die Normstruktur wird — wie in der bürgerlichen Rechtstheorie — in die drei Elemente — Hypothese, Disposition, Sanktion — unterteilt. Die Hypothese verweist auf die Voraussetzungen, unter denen die Rechtsnorm wirksam ist; die Disposition enthält die entsprechenden Rechtsfolgen; die Sanktion verweist auf die negativen Rechtsfolgen, die für diejenige Person eintreten, die die Disposition verletzt.

Diese drei Elemente treten allerdings nicht in jeder Rechtsnorm zutage. Es sind Normen denkbar, die primär einen Zustand regeln, bestimmte Ordnungsprinzipien oder Grundlagen für die Regelung eines

[89] Vgl. BVerfGE 9, 338, 349.

[90] Dies wird durch die zunehmende Verwendung von Generalklauseln und unbestimmten Rechtsbegriffen in den sozialistischen Rechtsordnungen deutlich, deren verbindliche Interpretation nicht durch die Richter, sondern durch Parteirichtlinien erfolgt, vgl. dazu *G. Brunner*, Die Methode des Ostrechts im Widerstreit von Recht und Politik, OER 1975, S. 89—102, 95.

[91] Zum Systemcharakter des Rechts *I. Wagner*, Zu den Kriterien des Aufbaus des Systems des sozialistischen Rechts, StuR 1976, S. 1052—1065; *W. Grahn / I. Wagner*, Rechtstheoretische Probleme des Systems der rechtlichen Regelung im Sozialismus, StuR 1980, S. 445—465.

[92] Vgl. die Definitionen oben § 5.

ganzen Komplexes gesellschaftlicher Verhältnisse aufstellen und dgl. In der sozialistischen Rechtstheorie wurde deswegen die Frage erörtert, ob solche Normen überhaupt Rechtsnormen sind; denn sie enthalten keine Regulative.[93] Durchgesetzt hat sich die Auffassung, wonach auch solche Normen als Verhaltensregeln und damit als Rechtsnormen anzusehen sind. Mittelbar — im Zusammenwirken mit anderen Normen — sind auch sie darauf gerichtet, menschliches Verhalten zu beeinflussen. Die Diskussion um diese Frage ist inzwischen abgeschlossen. Sie ist vergleichbar mit der Diskussion um die Imperativentheorie in der bürgerlichen Rechtstheorie.[94]

Anfang der sechziger Jahre hat Golunski versucht, den Rechtsnormen mit herkömmlicher dreigliedriger Struktur eine besondere, dem Sozialismus eigentümliche Art von Rechtsnormen gegenüberzustellen. Als solche Normen bezeichnete Golunski die „Aufgabennormen".[95] Er hatte bemängelt, daß sich die dreigliedrige Normstruktur nicht auf die Gesetze über die Volkswirtschaftspläne übertragen lasse; denn diese Normen würden keine Handlungen vorschreiben, sondern bestimmte Aufgaben stellen oder auf zu erzielende Resultate verweisen. Wollte man den Normbegriff auf die herkömmliche Struktur beschränken, sei es nicht möglich, derartige Planaufgaben in den Rechtsbegriff einzubeziehen. Golunski schlug deshalb vor, den Begriff des sozialistischen Rechts oder den Begriff der Rechtsnorm um die Aufgabennormen zu erweitern. In der DDR wurden diese Anregungen von denjenigen Autoren aufgegriffen, die die Form der sozialistischen Rechtsnorm als etwas „qualitativ Neues" gegenüber der Form der bürgerlichen Rechtsnorm auffaßten.[96]

Obwohl staatliche Pläne und Direktiven im Wirtschaftsrecht der sozialistischen Staaten eine starke Bedeutung erlangt haben, ist die Lehre Golunskis später allgemein abgelehnt worden. Theoretisch wurde

---

[93] *AllThSR I*, S. 259.

[94] *MLSR*, S. 526; *AllThSR I*, S. 260; die Imperativentheorie geht zurück auf *A. Thon*, Rechtsnorm und subjektives Recht, Untersuchung zur allgemeinen Rechtslehre, Weimar 1878; sie wird gegenwärtig etwa vertreten von *H. Nawiasky* (Anm. 39), S. 8; *K. Engisch* (Anm. 66), S. 22 ff.; zu ihren Gegnern gehören *H. Henkel* (Anm. 9), S. 43 ff.; *J. Esser*, Vorverständnis und Methodenwahl in der Rechtsfindung: Rationalitätsgarantien richterlicher Entscheidungspraxis, Frankfurt/M. 1972, S. 34. Nach Reich/Reichel gehören auch die Interpretationsakte zu den Rechtsnormen, vgl. *N. Reich / H.-C. Reichel* (Anm. 87), S. 45. Die Autoren der Allgemeinen Theorie lehnen diese Auffassung aber ausdrücklich ab, vgl. *AllThSR I*, S. 165.

[95] Vgl. *S. A. Golunski*, Zum Begriff der Rechtsnorm in der Theorie des sozialistischen Rechts, StuR 1961, S. 1545—1562, 1549; *Diskussion* zum Problem des Begriffs der Rechtsnorm, StuR 1961, S. 1562—1567; *G. Haney* (Anm. 1), S. 131.

[96] Vgl. etwa *G. Haney / I. Wagner* (Anm. 1), S. 18; *W. Lungwitz*, Die neue Qualität des sozialistischen Rechts muß eingehend begründet werden, StuR 1962, S. 1325—1343.

dies damit begründet, daß auch gestellte Aufgaben in irgendeiner Form Rechte und Pflichten begründen und an die Verletzung dieser Rechte und Pflichten bestimmte Sanktionen knüpfen.[97] Dahinter dürfte die praktische Erwägung stehen, daß die stabilisierende Tendenz, die sich in den Forderungen nach Rechtssicherheit und Gesetzlichkeit äußert, nicht durch Abgrenzungsschwierigkeiten zwischen allgemeinen Rechtsnormen und konkreten Weisungen gefährdet werden sollte.

§ 8 Positivität des Rechts

Die oben wiedergegebene Definition des Rechts ist nicht nur normativistisch, sondern auch positivistisch; denn sie beschränkt den Rechtsbegriff auf die vom Staat erlassenen oder sanktionierten Normen. Der Wille der politisch und ökonomisch herrschenden Klasse kann danach nur in rechtlichen Formen zum Ausdruck gelangen, wenn er als staatlich-politischer Wille in Erscheinung tritt.[98] Die in der Rechtsphilosophie allenthalben aufgeworfene Frage nach dem Verhältnis von staatlicher Macht und Recht beantwortet die sozialistische Rechtstheorie demnach im Sinne einer gegenseitigen organischen Verbindung.[99] Die staatliche Macht verwirklicht sich erst durch den Erlaß und die Anwendung von Rechtsnormen. Die Existenz des Rechts setzt umgekehrt notwendig das Bestehen einer Staatsmacht voraus, die seine Einhaltung gewährleistet.[100] Im Gegensatz zu soziologischen Rechtsauffassungen, die die Annahme rechtlicher Verhältnisse auch dort erlauben, wo entsprechende staatliche Akte nicht vorliegen, steht eine Rechtskonzeption, der ein staatliches Rechtsetzungsmonopol zugrunde liegt, naturgemäß vor der Schwierigkeit, einerseits die Existenz von völkerrechtlichen und gewohnheitsrechtlichen Normen auf den Staatswillen zurückzuführen, andererseits vor- und überstaatlichen Rechtsnormen überhaupt eine Existenzberechtigung zuzusprechen.[101]

Darüber hinaus ist im folgenden Abschnitt der Tatsache nachzugehen, daß sich die Rechtsnormen zwar letztlich auf dem Staatswillen

---

[97] Vgl. *MLSR*, S. 531.

[98] *MLSR*, S. 398 ff.; *K. A. Mollnau* (Anm. 2), S. 2059; Der Staat wird in *AllThSR I* als die „historisch vergängliche, aus der Gesellschaft herausgelöste und durch ihre ökonomische Ordnung bedingte politische Klassenorganisation einer souveränen öffentlichen Gewalt" definiert, „die die gemeinsamen Interessen der Eigentümer der grundlegenden Produktionsmittel sichert und vertritt", vgl. *AllThSR I*, S. 160; jeder Gesellschaftsformation entspricht daher ein bestimmter Staatstyp.

[99] Vgl. zum Meinungsstand um das Verhältnis von Staat, Macht und Recht *K. Engisch* (Anm. 39), S. 113 ff., 135 ff. m. w. N.; *G. Radbruch* (Anm. 31), Seite 280 ff.; *G. Jellinek*, Allgemeine Staatslehre, 3. Aufl., Bad Homburg 1966, S. 364 ff.

[100] *AllThSR I*, S. 287; *K. A. Mollnau* (Anm. 2), S. 2059 f.

[101] Vgl. dazu in diesem Abschnitt die Pkte. I, II, III.

gründen, dieser aber erst als Folge eines komplizierten Vermittlungsprozesses zwischen den bestehenden politischen Anschauungen innerhalb der Gesellschaft, der kommunistischen Partei und den staatlichen Gesetzgebungsorganen entsteht. Der sozialistische Staat — ausgestattet mit politischer Macht und Autorität — ist das eigentliche Subjekt der Rechtsetzung. Der Staat hat den Klassenwillen in Rechtsnormen umzusetzen; er ist die juristische Quelle des Rechts. Die faktische Quelle des Rechts ist aber der Wille der Parteiführung. Denn der Partei wird als einziger politischer Organisation die Fähigkeit zugesprochen, die jeweiligen Anforderungen der Gesetzmäßigkeiten der gesellschaftlichen Entwicklung richtig zu erkennen. Aus diesem Erkenntnismonopol und der legitimierenden Rückführung der Partei auf die Arbeiterklasse als dem gestaltenden sozialen Faktor in der sozialistischen Epoche, wird allgemein ihr politischer Führungsanspruch in Staat und Gesellschaft geschlossen. Letztlich leitet die Partei auch die Tätigkeit der rechtsetzenden staatlichen Organe. Zielstellung und Grundsatzkonzeption der Rechtsetzung des sozialistischen Staates haben sich aus dem Wesen der jeweiligen Phase der gesellschaftlichen Entwicklung und den daraus resultierenden strategischen Entscheidungen zu ergeben. Diese Entscheidungen werden von der Partei als ihrem Wesen nach „erkannte und bewußtgemachte Gesetzmäßigkeiten der gesellschaftlichen Entwicklung“[102] in Form von Beschlüssen und Programmen verkündet. Sie stellen für die gesamte staatliche Rechtsetzungstätigkeit die verbindliche Grundlage dar. Infolgedessen stellt sich in dem hier zu erörternden Zusammenhang die Frage nach ihrem Rechtscharakter.

I. Positives Recht und Naturrecht

Der positivistische Grundcharakter des Rechts kam oben bereits in der ablehnenden Haltung der sozialistischen Rechtslehre gegenüber der Anerkennung unabdingbarer und unveräußerlicher Menschenrechte zum Ausdruck. Die dort getroffene Feststellung, daß es subjektive Rechte neben dem Staat — unabhängig von der staatlichen Rechtsordnung — nicht gibt, kann ganz allgemein auf die Existenz verbindlicher vorpositiver Regeln und Prinzipien übertragen werden. Die sozialistische Rechtslehre schließt die Möglichkeit des Bestehens vorstaatlichen und nebenstaatlichen Rechts grundsätzlich aus.[103] Im sozialistischen Schrifttum sind die Stellungnahmen zum Naturrecht spärlich. Soweit

[102] *MLSR*, S. 502.

[103] Zur Kritik des Naturrechts aus marxistischer Sicht *H. Klenner / K.-H. Schöneburg*, Vom ewigen zum beweglichen Naturrecht, StuR 1956, S. 485 ff.; *MLSR*, S. 193; vgl. hierzu insbes. *G. Brunner*, Naturrecht und Sowjetideologie, ROW 1966, S. 229—236; *W. Meder*, Grundzüge der sowjetischen Staats- und Rechtstheorie, Schriftenreihe der juristischen Studiengesellschaft, Heft 55, Karlsruhe 1963, S. 10 f.

vorhanden, sind sie zumeist ausgesprochen tendenziös und werden nur im Zusammenhang mit bürgerlichen Rechtslehren dargestellt.[104]

Die Renaissance der Naturrechtslehren in den bürgerlichen Staaten wird regelmäßig darauf zurückgeführt, daß sich die herrschende Klasse, die das Interpretationsmonopol darüber innehabe, wie das Naturrecht inhaltlich auszugestalten sei, auf diese Weise positive Rechtsnormen eines ihr gemäßen Inhalts schaffen könne.[105] Das Naturrecht wird also als idealistische Rechtsauffassung betrachtet, die das Recht aus sich selbst heraus zu begründen versucht und daher staatlicher Willkür Tür und Tor öffnet.[106] Da die Naturrechtslehren nicht von materialistischen Voraussetzungen ausgehen, sind sie nach sozialistischer Auffassung schon aus diesem Grunde unrichtig.

Diese Kritik richtet sich ausschließlich gegen jene traditionellen Vernunfts- und Naturrechtslehren des 17. und 18. Jahrhunderts, die die Existenz unveränderlicher und überzeitlicher Prinzipien voraussetzen, die in der göttlichen oder menschlichen Vernunft enthalten sein sollen. Sie berücksichtigt dagegen nicht, daß moderne Naturrechtslehren durchaus die soziale Wirklichkeit — die Seinsordnung — als naturrechtliches Prinzip deuten.[107]

Im Sinne eines so verstandenen Naturrechts meinen einige bürgerliche Autoren in der marxistischen Rechtskonzeption eine „naturrechtliche Komponente" nachweisen zu können.[108] Kelsen hat die marxistische Rechtskonzeption gar als „materialistisches Naturrecht" bezeichnet.[109]

Die Grundlage der „naturrechtlichen Komponente" besteht in der Verknüpfung von Basis und Überbau. Das Recht als Überbauerscheinung ist richtig, wenn es die in der ökonomischen Basis vonstatten gehenden Veränderungen widerspiegelt. Der Inhalt des positiven Rechts wird also aus außerhalb seiner selbst liegenden Erscheinungen, nämlich

---

[104] *H. Klenner / K.-H. Schöneburg,* S. 485 ff.; *MLSR,* S. 190 ff.; *V. Peschka* (Anm. 33), S. 67 ff.; vgl. dazu auch *G. Brunner,* S. 229 m. w. N. aus dem sowjetischen Schrifttum.

[105] *MLSR,* S. 193.

[106] Vgl. *G. Bley / U. Dähn,* Gesetzgebung und Weiterentwicklung der sozialistischen Rechtsordnung, StuR 1973, S. 1730—1741, 1732.

[107] Vgl. etwa *R. Stammler,* Die Lehre vom richtigen Recht, 2. Aufl., Berlin 1926, S. 82 ff. Dort wird das Naturrecht als das unter den empirischen Verhältnissen mögliche Recht bezeichnet; auch *A. Kaufmann,* Naturrecht und Geschichtlichkeit, 2. Aufl., Tübingen 1968, S. 25; *H. Henkel* (Anm. 9), S. 513 ff. m. w. N.

[108] *G. Brunner* (Anm. 103), S. 230 f.

[109] *H. Kelsen,* The communist theory of Law, London 1955, S. 118 ff. Zu dieser Auffassung kommt Kelsen allerdings erst im Anschluß an eine Äußerung Vyšinskijs, die in der Tat den Schluß auf eine naturrechtliche Konzeption zuläßt, vgl. dazu *A. Bilinsky,* Die Entwicklung des Rechtsbegriffs in der Sowjetunion, Jahrb. f. Ostr. 1962/II, S. 69—108, 92 f.

der Sozialstruktur, gewonnen. Daraus wurde von Brunner geschlossen, daß die Besonderheit der sozialistischen Rechtsauffassung gegenüber idealistischen Naturrechtslehren lediglich darin bestehe, „daß ihr als Bezugspunkt nicht eine überpositive, sondern eine unterpositive Ordnung, die jeweilige ökonomische Wirklichkeit, diene“ und daß sie daher „im Grunde genommen eine naturrechtliche Auffassung“ sei.[110]

Indes leugnen auch positivistische Rechtskonzeptionen nicht das Bestehen außerhalb des positiven Rechts selbst liegender Werte. Als Bewertungsmaßstab für die inhaltliche Ausgestaltung der staatlichen Rechtsordnung werden solche über- bzw. unterpositiven Maßstäbe vom Positivismus ausdrücklich herangezogen.[111]

Als „naturrechtlich“ — als begrifflicher Gegensatz zu positivistisch — kann daher nur eine Rechtsauffassung bezeichnet werden, die eine Geltung über- bzw. unterpositiven Rechts neben und ggf. gegen die positive Rechtsordnung anerkennt.[112] Ob dies in der sozialistischen Rechtstheorie der Fall ist, kann an der Frage entschieden werden, was geschieht, wenn eine Rechtsnorm den Erfordernissen der gesellschaftlichen Entwicklung widerspricht. Ist die betreffende Rechtsnorm wegen eines Verstoßes gegen die vorgegebene Ordnung nichtig, so ist die Qualifizierung der sozialistischen Rechtskonzeption als Naturrecht durchaus zutreffend.[113]

Diese Frage stellt sich die sozialistische Rechtstheorie allerdings nicht; denn wegen der für die sozialistische Rechtsordnung angenommenen Übereinstimmung zwischen der gesellschaftlichen Entwicklung, Staat und Recht ist ein Widerspruch zwischen dem Entwicklungsstand der gesellschaftlichen Verhältnisse und dem Recht grundsätzlich ausgeschlossen. Als überpositives Rechtsprinzip gilt für den Marxismus die Errichtung der kommunistischen Gesellschaft. Dieses Ziel kann nur allmählich, durch ständige Anpassung des Rechts an die sich fortentwickelnden ökonomischen Verhältnisse erreicht werden. Dem „naturrechtlichen“ Prinzip entspräche daher jeweils diejenige Rechtsordnung, die den Entwicklungsstand der Produktivkräfte am richtigsten widerspiegelt. Da Staat und Partei in der Lage sind, die ökonomischen Ent-

---

110 *G. Brunner* (Anm. 103), S. 231; Brunner weist aber auch auf die „positivistische Wurzel“ des kommunistischen Rechtsdenkens hin, ders., S. 231 f.

111 Hierzu *H. Ryffel,* Grundprobleme der Rechts- und Staatsphilosophie, Philosophische Antropologie des Politischen, Neuwied 1969, S. 216; vgl. sogar *H. Kelsen* (Anm. 7), S. 414. Kelsen schließt die Frage nach der inhaltlichen Ausgestaltung der Rechtsordnung nur aus seiner Betrachtung aus, leugnet sie aber nicht.

112 Dies ist der Fall, wenn der Satz „Naturrecht bricht positives Recht“ auf die Rechtsordnung anwendbar ist, vgl. *H. Mitteis,* Über das Naturrecht, Berlin 1948, S. 38.

113 Ebenso *G. Brunner* (Anm. 103), S. 234.

wicklungsgesetzmäßigkeiten aufzudecken, ist dies im Sozialismus stets die positive Rechtsordnung.

Im Bewußtsein der Stalinzeit wurde allerdings vereinzelt die Auffassung vertreten, daß es Widersprüche zwischen dem anzustrebenden und dem in der positiven Rechtsordnung tatsächlich verwirklichten Rechtszustand geben könne; denn Staat und Partei seien in der Lage, die ökonomischen Entwicklungsgesetzmäßigkeiten zu hemmen oder zu beschleunigen. Staat und Partei würden zwar im allgemeinen den Willen des Volkes richtig zum Ausdruck bringen, die Richtigkeit eines jeden Normaktivaktes sei aber nicht immer gewährleistet.[114] Auch gegenwärtig wird die Möglichkeit derartiger Widersprüche nicht grundsätzlich ausgeschlossen, letztlich aber mit dem Hinweis auf ihren nichtantagonistischen Charakter abgetan.[115] Im übrigen sei der sozialistische Staat heute weitestgehend in der Lage, Veränderungen der ökonomischen Basis rechtzeitig wahrzunehmen und die positive Rechtsordnung diesen veränderten Bedingungen anzupassen.[116]

Bei der Analyse der bürgerlichen Gesellschaft erlangt der Widerspruch zwischen der ökonomischen Basis und der positiven Rechtsordnung zwar Bedeutung. In dieser Gesellschaftsformation kann nach der marxistischen Auffassung aber gerade nicht von der Geltung eines „naturrechtlichen“ Prinzips die Rede sein. Denn die objektiven Entwicklungsgesetze wirken in dieser Epoche noch spontan: sie werden vom Staat nicht erkannt und folglich auch nicht der positiven Rechtsordnung als selbständige Geltung beanspruchendes Prinzip entgegengestellt. Die positive Rechtsordnung setzt sich in der bürgerlichen Gesellschaft solange gegen den Entwicklungsstand der Produktivkräfte durch, bis der Gegensatz so groß wird, daß er zum Klassenkampf und schließlich zur Überwindung der traditionellen Rechtsordnung führt.

Daraus kann ganz allgemein geschlossen werden, daß die sozialistische Rechtstheorie die Geltung über- bzw. unterpositiven Rechts gegen die staatliche Rechtsordnung — gleich in welcher Gesellschafts-

---

[114] Vgl. die Nachweise bei *R. Lucas* (Anm. 63), S. 50.

[115] Vgl. etwa *P.-B. Schulz*, Zur Dialektik von Basis und Überbau — ihre Bedeutung für die weltanschauliche Orientierung der Staats- und Rechtspraxis, NJ 1970, S. 2—9, 4.

[116] *P.-B. Schulz*, S. 4 f.; *G. Brunner* (Anm. 103), S. 234 m. w. N. Auch aus der Sicht des sozialistischen Rechtsanwenders stellt sich die Frage nach der Existenz eines „materialistischen Naturrechts“ nicht. Zwar könnte man meinen, daß sich die Richter und Verwaltungsbeamten durch die Zunahme von Generalklauseln und unbestimmten Rechtsbegriffen veranlaßt sehen, die Auslegung der Rechtsnormen entsprechend dem nach ihrer Auffassung bestehenden Entwicklungsstand der ökonomischen Entwicklungsgesetzmäßigkeiten vorzunehmen. Dieser Gesichtspunkt ist aber praktisch nicht sehr gewichtig, da die Rechtsanwender regelmäßig auf positivierte Verlautbarungen der Parteiorgane zurückgreifen werden.

formation — ablehnt. Eine eindeutige Stellungnahme zu dieser Frage liegt jetzt von Peschka vor, die durchaus repräsentativ für den gesamten sozialistischen Rechtskreis sein dürfte.[117] Danach enthält das „Naturrecht" nur moralisch verbindliche Forderungen an den staatlichen Gesetzgeber, die erst juristische Verbindlichkeit erlangen, wenn sie in der staatlichen Rechtsordnung positiviert sind:[118]

> „Aus der Voraussetzung der bloß moralischen Geltung des Naturrechts folgt also, daß eigentlich nur das positive Recht ein gültiges Recht ist. Infolgedessen hat nur das positive Recht eine rechtliche Geltung. Dieser extremen naturrechtlichen Auffassung stimmen sowohl der Rechtspositivismus als auch die marxistische Rechtsphilosophie zu."

Eine eigentlich „naturrechtliche Komponente" weist die sozialistische Rechtstheorie demnach nicht auf. Recht ist immer nur das, was der Staat für Recht erklärt. Dies ist ein ausschließlich positivistischer Standpunkt.

II. Gewohnheitsrecht

Dem staatlichen Rechtsetzungsmonopol widerspricht grundsätzlich auch die Anerkennung staatsunabhängigen Gewohnheitsrechts. Da sich das Recht auf die vom Staat gesetzten Normen reduziert, fehlt für einzelne Gewohnheitsrechtsnormen, die nur darauf beruhen, daß im Brauchtum verfestigte Verhaltensweisen von den Rechtsgenossen als verbietend oder gebietend empfunden werden, die willentliche Anordnung eines Gesetzgebers.[119] Folgerichtig lehnt die sozialistische Rechtstheorie die Geltung eines selbständigen Gewohnheitsrechts als Rechtsquelle ab. Das Dogma, wonach die staatliche Autorität die Gewohnheiten der herrschenden Klasse lückenlos zum allgemeinverbindlichen Recht erhebt, gilt auch insoweit uneingeschränkt.

Es ist aber nicht ausgeschlossen, daß vorhandene soziale Gewohnheiten überhaupt in den Rechtsnormen Berücksichtigung finden. Dies ist insofern möglich, als die Gewohnheiten formell Staatswille werden können, wenn sie in einem staatlichen Normativakt ausdrücklich sanktioniert werden.[120] Der Hinweis auf die staatliche Sanktionierung der Gewohnheiten als Rechtsquelle begründet zumindest deren juristische Verbindlichkeit.

Die daran anschließende Frage, nach welchen Kriterien der Staat entscheidet, ob er bestimmte Gewohnheiten sanktioniert, beantwortet

---

[117] *V. Peschka* (Anm. 33), S. 74 ff.

[118] *V. Peschka*, S. 76.

[119] Vgl. dazu *K. Engisch* (Anm. 39), S. 37.

[120] *MLSR*, S. 108: „Gewohnheitsrecht sind solche vom Staat sanktionierte Verhaltensregeln, die ständig wiederholt, über einen mehr oder weniger langen Zeitraum geübt werden."

sich aus dem Klassencharakter von Staat und Recht: Es werden nur solche Gewohnheiten sanktioniert, die der Politik des sozialistischen Staates entsprechen.[121] Dadurch wird eine Übereinstimmung des Gewohnheitsrechts mit dem geltenden positiven Recht hergestellt, die ein Gewohnheitsrecht contra legem ausschließt.

Gesetzesrecht und Gewohnheitsrecht unterscheiden sich letztlich also nicht voneinander. Die abweichende Ansicht Golunskis, wonach Gewohnheiten im Einzelfall durch richterliche Anerkennung allgemeinverbindlich werden können, hat sich nicht durchgesetzt.[122] Solange die staatliche Sanktion ausbleibt, können Gewohnheiten nur aus moralischer oder religiöser Überzeugung gelten. Sie sind nicht mit der durch die Zwangsgewalt des Staates gewährleisteten Durchsetzungsfähigkeit ausgestattet.

Die unmittelbar nach der Revolution in der sowjetischen Rechtslehre vertretene Auffassung vom Gewohnheitsrecht als Gegengewicht zu den vom Staat gesetzten konservativen Zwangsnormen wird heute, wo die lückenlose Normierung aller gesellschaftlichen Verhältnisse durch staatliche Gesetze gefordert wird, nicht mehr vertreten. Nach gegenwärtiger Auffassung ist das Recht nicht der Ausdruck vorgefundener, durch langanhaltende Übung in der Gemeinschaft gefestigter relativ statischer Werte, sondern ein zweckbestimmtes Mittel, die soziale, moralische und ökonomische Umgestaltung der Gesellschaft herbeizuführen.

Dementsprechend gering ist der praktische Stellenwert staatlich sanktionierten Gewohnheitsrechts in den sozialistischen Staaten.[123] Es beschränkt sich in der Sowjetunion auf einige Bereiche des Agrarrechts. Ansonsten ist das gesamte Wirtschaftsrecht als Mittel der staatlichen Wirtschaftsleitung und -planung vom geschriebenen Recht beherrscht.[124] Auch davon, daß soziale Gewohnheiten der Arbeiterklasse, die in der bürgerlichen Gesellschaft nicht zur Geltung gelangten, in die sozialistische Rechtsordnung übernommen und in ihr sanktioniert worden sind, kann nicht die Rede sein. Der Normbestand des sozialistischen Rechts ist — soweit er sich von dem der bürgerlichen Gesellschaft unterscheidet — nicht an den sozialen Gewohnheiten der Arbeiterklasse orientiert, sondern an den Erfordernissen des neuen sozialistischen Gesellschafts- und Wirtschaftssystems. Die Irrelevanz staatlich sanktionierter Gewohnheiten als Rechtsquelle ist letztlich auch darauf zurückzuführen, daß es als bourgeoises Überbleibsel der kapitalistischen Gesellschaftsordnung angesehen wird, in dem sich kleinbürgerliche

---

[121] *AllThSR IV*, S. 242.

[122] Vgl. die Nachweise bei *R. Lucas* (Anm. 63), S. 50.

[123] *AllThSR I*, S. 421; *R. Lucas*, S. 56 ff.

[124] Weitere Beispiele aus dem sowjetischen Rechtskreis bei *R. Lucas*, S. 56 ff.

Vorurteile, rassische und religiöse Intoleranzen sowie die historisch entstandene Ungleichheit der Geschlechter widerspiegelt.[125]

III. Völkerrecht

Auch die Frage nach der Existenz einer marxistischen Völkerrechtslehre ist grundsätzlich negativ zu beantworten. Ein einheitliches überstaatliches Recht ist solange undenkbar, als es Systeme mit verschiedenen wirtschaftlichen und gesellschaftlichen Strukturen gibt.

Eine monistische Völkerrechtstheorie, die vom Primat des Völkerrechts ausgehend völkerrechtswidrige innerstaatliche Normen für ipso iure nichtig erachtet oder die Staaten kraft übergeordneten Völkerrechts für verpflichtet erklärt, völkerrechtswidrige Normen aufzuheben, stößt allenthalben auf Ablehnung.[126]

Als Bestandteil der Völkerrechtsgemeinschaft können sich die sozialistischen Staaten aber der Anerkennung des völkerrechtlichen Vertrages und des Völkergewohnheitsrechts als Rechtsquelle nicht entziehen. Dagegen werden die allgemein anerkannten Regeln des Völkerrechts in der sowjetischen Völkerrechtslehre ebensowenig als Rechtsquelle angesehen, wie die Wissenschaft und die Gerichtspraxis internationaler Gerichtshöfe.[127]

Im Verhältnis der beiden anerkannten Rechtsquellen genießt der völkerrechtliche Vertrag Vorrang; vermutlich weil er sich eher als Mittel des Klassenkampfes dem gesetzten Endziel dienstbar machen läßt, als die völkerrechtliche Gewohnheit, der das Element des Dynamischen fehlt und die, wie staatsunabhängiges Gewohnheitsrecht überhaupt, als Ausdruck statischer Grundsätze angesehen werden muß.[128]

Die Anerkennung dieser Völkerrechtsquellen stellt nicht unbedingt eine Durchbrechung des staatlichen Rechtsetzungsmonopols dar. Der völkerrechtliche Vertrag beruht ohnedies auf dem Willen der vertragsschließenden Staaten, aber auch die völkerrechtliche Gewohnheit, als eine durch stillschweigendes übereinstimmendes Verhalten von Staaten angesehene Regelung, die von ihnen als rechtsverbindlich betrachtet wird, ist nicht unabhängig von der Willensbildung der Einzelstaaten. Denn der Sache nach ist es so, daß eine Verbindlichkeit völkerrechtlicher Normen für die sozialistischen Staaten ohne ausdrückliche oder stillschweigende Zustimmung des betreffenden Einzelstaates nicht zu

---

[125] *AllThSR I,* S. 421.

[126] Nachweise bei *R. Lucas* (Anm. 63), S. 185.

[127] Vgl. *N. Reich / H.-C. Reichel* (Anm. 87), S. 130; *R. Lucas,* S. 189; in der DDR sind die allgemein anerkannten Regeln des Völkerrechts durch Art. 8 I Verf. der DDR dagegen unmittelbar verbindliches Recht.

[128] Vgl. *R. Lucas,* S. 187 f.

begründen ist. Damit besteht zwar formal kein Vorrang des innerstaatlichen Rechts vor dem Völkerrecht, tatsächlich wird es aber nur anerkannt, wenn es sich in die innerstaatliche Rechtsordnung einfügen läßt.

IV. Parteinormen

Die staatlich-politische Vormachtstellung der kommunistischen Partei hat in nahezu allen Verfassungen der sozialistischen Staaten eine positiv-rechtliche Ausgestaltung erfahren.[129] Als die „höchste Form der Organisation der machtausübenden Arbeiterklasse“[130] verkörpert sie die führende Kraft in allen Bereichen der politischen Organisation der sozialistischen Gesellschaft.[131] Die Verwirklichung des Parteiwillens geschieht stets über die in der formellen Verfassung institutionell festgelegten Staatsorgane:[132]

> „Als Vortrupp der machtausübenden Arbeiterklasse stellt die Partei verbindliche Aufgaben, gibt sie Richtlinien für die Leitungstätigkeit und die Ausübung der staatlichen Macht. Es entspricht ihrer Führungsrolle, daß jeder wichtige Normativakt auf die Initiative der Partei zurückgeht. Die verwirklichten Beschlüsse der Partei sind der Maßstab für die Beurteilung der Tätigkeit der staatlichen und damit auch der rechtsetzenden Organe. Da die Parteibeschlüsse Grundlage für die Ausarbeitung und Verwirklichung der Rechtsvorschriften sind, steht hinter jedem Gesetz die Autorität der Partei.“

Die kommunistische Partei erkennt und interpretiert also die objektiven Gesetzmäßigkeiten der gesellschaftlichen Entwicklung und legt

---

[129] Vgl. Art. 126 Verf. UdSSR, Art. 3 Verf. Rumänien, Art. 4 Verf. CSSR, Art. 1 Verf. Bulgarien, Art. 82 Verf. Ungarn; zur geschichtlichen Entwicklung der verfassungsrechtlichen Festlegung des Herrschaftsanspruchs der kommunistischen Parteien, *B. Meissner,* Die Rechtsstellung der SED und ihrer Gefolgsparteien, ROW 1973, S. 245—261; *S. Braga,* Die Rechtsstellung der kommunistischen Partei der Sowjetunion als Qualifikationsproblem, OER 1962/I, S. 1—24.

[130] Vgl. Wissenschaftlicher Kommunismus, Lehrbuch für das marxistisch-leninistische Grundlagenstudium, Berlin (Ost) 1982, S. 285.

[131] Hierzu außer der Anm. 129 zitierten Lit. *B. Meissner,* Die Rechtsstellung der kommunistischen Partei der Sowjetunion, Jahrb. f. Ostr. 1961/II, S. 7—29; *K. Westen,* Die kommunistische Partei der Sowjetunion und der Sowjetstaat, Eine verfassungsrechtliche Untersuchung, Köln 1968, S. 105 ff., 243 ff.; *E. Förtsch,* Die SED, Stuttgart 1969, S. 127 ff.; *E. Richert,* Macht ohne Mandat, 2. Aufl., Köln 1963, S. 21 ff.; *N. Reich / H.-C. Reichel* (Anm. 87), S. 100 ff. Aus dem Schrifttum der DDR: *R. Rost,* Die führende Rolle der Partei im sozialistischen Staat, Berlin (Ost) 1961; *H. Hümmler,* Die Partei, Berlin (Ost) 1967; *K. Sorgenicht,* Das gesetzmäßige Wachstum der führenden Rolle der SED bei der Lösung der Grundaufgaben der gesellschaftlichen Entwicklung in Deutschland, StuR 1966, S. 1769—1783; *H. Schmidt / G. Thiel / P. Zotl,* Zur wachsenden Rolle der marxistisch-leninistischen Partei als Kern der politischen Organisation der entwickelten sozialistischen Gesellschaft, StuR 1978, S. 962—971; vgl. auch *M. Cismarescu,* Das Rechtsverhältnis von Partei und Staat in Rumänien, OER 1980, S. 162—183.

[132] *MLSR,* S. 503; vgl. auch das *Programm* der SED, Berlin (Ost) 1976, S. 40.

diese in ihren Direktiven, Beschlüssen und Programmen verbindlich fest. Die Staatsorgane haben diese strategischen Grundsatzentscheidungen lediglich in allgemeinverbindliche Rechtsnormen zu transformieren, die das Zusammenleben der Bürger innerhalb des Staatsgefüges regeln. Der staatlichen Rechtserzeugungsphase geht somit immer eine Erkenntnisphase durch die Partei voraus.[133]

Beide Ebenen — die verbindliche Festlegung der Erfordernisse der gesellschaftlichen Entwicklung durch die Partei und die Transformation des Parteiwillens in allgemeinverbindliche Rechtsnormen durch die Staatsorgane — werden in der sozialistischen rechtstheoretischen Literatur strikt voneinander unterschieden.[134]

Die wichtigsten Formen zur Verwirklichung des Parteiwillens sind Beschlüsse, Richtlinien, Direktiven oder Aufträge, durch die die Staatsorgane direkt aufgefordert werden, bestimmte gesetzgeberische Maßnahmen zu ergreifen.[135] Daneben findet eine unmittelbare Mitwirkung der Partei an der staatlichen Gesetzgebungstätigkeit durch sogenannte „gemeinsame Beschlüsse" statt. Dies sind Normen, die die obersten Parteiorgane im Zusammenwirken mit den höchsten Organen der Staatsverwaltung erlassen und die wie staatliche Normen allgemeinverbindlichen Charakter haben.[136]

Die Rechtsnatur der Parteinormen, die ohne die Mitwirkung staatlicher Organe zustande kommen (Beschlüsse usw.), wird im sozialistischen Schrifttum unter Hinweis auf die organisatorische Selbständigkeit von Partei und Staat durchweg abgelehnt.[137] Die Autoren der Allgemeinen Theorie bezeichnen die Parteinormen als „Sozialnormen", die sich von den staatlichen Rechtsnormen unter anderem dadurch unterscheiden sollen, daß sich ihre Verbindlichkeit nicht auf staatlichen Zwang, sondern auf die Autorität der Partei in der Gesellschaft stützt.[138]

Diese Qualifizierung wird der tatsächlichen Verflechtung von Partei- und Staatsapparat nicht gerecht. Denn sie hebt ausschließlich auf die formelle Staatsverfassung ab, wonach sich der Staatsbegriff auf die in

---

[133] *K. Westen* (Anm. 131), S. 273 f.; *B. Meissner* (Anm. 129), S. 256.

[134] Vgl. *MLSR*, S. 503; *AllThSR IV*, S. 152.

[135] Beispiele für derartige Beschlüsse bringen aus dem Rechtskreis der DDR *S. Mampel*, Die staatsrechtliche Entwicklung in der DDR seit dem VIII. Parteitag der SED, ROW 1974, S. 89—103, 100 f.; aus dem Rechtskreis der Sowjetunion *R. Lucas* (Anm. 63), S. 97 ff.; *R. Maurach* (Anm. 84), S. 29 ff.

[136] In der Sowjetunion werden sie als „gemeinsame Verordnungen" bezeichnet, vgl. hierzu *K. Westen* (Anm. 131), S. 117.

[137] *MLSR*, S. 503; in den dreißiger Jahren wurden die Parteibeschlüsse dagegen teilweise als Rechtsquellen angesehen, vgl. *R. Lucas* (Anm. 63), S. 98 m. w. N.

[138] *AllThSR IV*, S. 152; hierzu auch *K. Westen* (Anm. 131), S. 269 ff.

der Verfassung festgelegten Organe beschränkt. Die kommunistischen Parteien zählen in keinem sozialistischen Staat hierzu. Nach dem materiellen Verfassungsrecht umfaßt der sozialistische Staat aber einen weiteren Bereich, in den die kommunistische Partei als Institution einzubeziehen ist;[139] denn sie übt Funktionen aus, die als staatliche Tätigkeit anzusehen sind.

Anders als in pluralistisch-demokratischen Staaten, in denen Parteidirektiven lediglich Vorschläge darstellen, über deren Annahme die staatlichen Rechtsetzungsorgane frei und selbstverantwortlich entscheiden können, sind die Parteibeschlüsse für den sozialistischen Staat unmittelbar verbindlich. Aus eigener Initiative sind die verfassungsrechtlich festgelegten Staatsorgane nicht in der Lage, Recht zu setzen oder Träger einer Rechtsordnung zu sein. Ihr Supplement hat die Verbindlichkeit derartiger Beschlüsse in ihrer Erzwingbarkeit. Zwar bestehen formaljuristisch keine Sanktionsmöglichkeiten gegenüber den Staatsorganen, faktisch wird die Befolgung der Parteibeschlüsse aber durch die realpolitischen Machtverhältnisse in den osteuropäischen Staaten gewährleistet.[140] Die Partei ist durch ihre maßgebliche Einflußnahme daher nicht nur mittelbar an der staatlichen Rechtsetzungstätigkeit beteiligt, sondern sie hat in Wirklichkeit das Rechtsetzungsmonopol.[141]

Die staatlichen Organe sind dagegen nur Vollzugsorgane, die dem Parteiwillen einen gegenüber dem Bürger verbindlichen Charakter verleihen sollen; denn in der Regel werden die Parteinormen für die Mitglieder der Gesellschaft erst verbindlich und praktizierbar, wenn sie in staatliche Rechtsnormen umgesetzt worden sind. Hierin liegt die verbleibende eigenständige Bedeutung des Staates im Rechtsetzungsprozeß. Indes rechtfertigt dies allein nicht, Staat und Partei als verschiedene Institutionen anzusehen; denn ein echter Willensbildungsprozeß findet in dieser Phase des Gesetzgebungsverfahrens durch die staatlichen Organe nicht mehr statt.

In konsequenter Durchführung der Unterscheidung von Partei und Staat versteht die sowjetische Rechtslehre die gemeinsamen Verordnungen des Ministerrates der UdSSR und des ZK der KPdSU als

---

[139] Vgl. *B. Meissner* (Anm. 131), S. 11; *K. Westen,* S. 269; *H.-J. Heimbach,* Die Rolle der SED im mitteldeutschen Rechts- und Verfassungsgefüge und die Rechtsnatur ihrer Parteibeschlüsse, Diss. jur., Bonn 1973, S. 93 ff.

[140] Z. B. durch die sogenannte Kaderpolitik, wonach die entscheidenden Positionen im Staatsgefüge mit Personen zu besetzen sind, die auch in der Partei eine führende Stellung innehaben. Dies führt zu einer starken personalen Verflechtung zwischen Partei und Staat, mit entsprechend gleichgerichteten Interessen beider Institutionen, hierzu *E. Richert* (Anm. 131), S. 263; *K. Westen,* S. 272.

[141] Ebenso *B. Meissner* (Anm. 131), S. 19; *K. Westen,* S. 269 ff.

organische Verbindung einer auf der moralischen Überzeugungskraft der Partei gegründeten sozialen Norm und einer Rechtsnorm.[142] Sie sollen also Parteidirektive und staatlicher Rechtsakt zugleich sein.

Diese umständliche Konstruktion darf nicht darüber hinwegtäuschen, daß es sich hierbei letztlich um nichts anderes handelt als um die zuvor erörterte Transformation der Parteibeschlüsse in staatliche Rechtsnormen. Denn der Erlaß der gemeinsamen Verordnungen wird stets von der Partei inspiriert und ihrem Willen entsprechend vorgenommen. Die Partei zieht zur Beteiligung an ihrer Willensäußerung lediglich staatliche Organe heran, um den Anschein einer Trennung der Funktionen zu wahren.[143] Eine eigenständige Einflußnahme kommt den staatlichen Organen aber auch beim Erlaß gemeinsamer Verordnungen nicht zu; sie unterzeichnen die Verordnungen lediglich formell.

V. Normen gesellschaftlicher Organisationen

In den osteuropäischen Staaten hat die Reglementierung menschlichen Verhaltens durch Statuten, Beschlüsse, Maßnahmen, Direktiven usw. sogenannter gesellschaftlicher Organisationen eine erhebliche praktische Bedeutung.[144] Als gesellschaftliche Organisationen werden diejenigen Massenorganisationen bezeichnet, mit deren Hilfe die kommunistische Partei versucht, die sozialen Schichten und Gruppen der Gesellschaft — anknüpfend an deren spezifische Aktivitäten und Interessen — zu organisieren. Als die bedeutendsten gesellschaftlichen Organisationen sind die Gewerkschaft und der Jugendverband zu nennen. Daneben bestehen Kulturverbände, Genossenschaften sowie Verbände auf dem Gebiet des Sports und der Technik.[145] Im gesellschaftlichen

---

[142] *R. Lucas* (Anm. 63), S. 103 m. w. N.; *K. Westen*, S. 117; *R. Maurach* (Anm. 84), S. 170 ff.

[143] *K. Westen*, S. 118.

[144] Die Literatur zu den gesellschaftlichen Organisationen ist unübersehbar, vgl. nur die jüngeren Veröffentlichungen: *C. Luge / R. Mand*, Rechtliche Probleme der Organisation und Tätigkeit der gesellschaftlichen Organisationen, StuR 1977, S. 690—700; dieselben, Politisches System des Sozialismus, Recht, Demokratie, gesellschaftliche Organisationen, StuR 1979, S. 232—241; *R. Mand / R. Stüber*, Gesellschaftliche Organisationen und Entfaltung der sozialistischen Demokratie, StuR 1974, S. 908—921; Die gesellschaftlichen Organisationen in der DDR, Berlin (Ost) 1980; *H. J. Karliczek*, Neue Bedingungen für das Zusammenwirken der örtlichen Staatsorgane mit den gesellschaftlichen Organisationen, StuR 1983, S. 618—625; *Z. A. Jampolskaja*, Über die Wechselwirkung zwischen Staatsorganen und gesellschaftlichen Organisationen, dt. in: Sowjetwissenschaften 1979, S. 34—44. Aus der westdeutschen Literatur vgl. *L. Schultz*, Die gesellschaftlichen Organisationen in den sozialistischen Staaten, ROW 1981, S. 232—241; *O. Luchterhand*, Die Rechtsstellung der gesellschaftlichen Organisationen im Sowjetstaat als Kodifikationsproblem, OER 1975, S. 281—296.

[145] Vgl. dazu *L. Schultz*, S. 237 ff.; *O. Luchterhand*, S. 285. Im weitesten Sinne kann auch die kommunistische Partei in den Kreis der gesellschaft-

System der sozialistischen Staaten haben diese Organisationen eine vollkommen andere Funktion als entsprechende Zusammenschlüsse in pluralistisch-demokratischen Staaten. Denn sie dienen nicht der autonomen Interessenwahrnehmung ihrer Mitglieder, sondern in erster Linie der Mobilisierung der Bevölkerung für das Erreichen der in den Beschlüssen und Wirtschaftsplänen der Partei gesetzten Ziele. Dies geschieht durch Wettbewerbe, Kampagnen, Propaganda und materielle Anreize. Dabei stellen die gesellschaftlichen Organisationen zugleich ein Instrument der sozialen Kontrolle dar, indem sie die Lebensführung und die Aktivitäten der einzelnen Mitglieder beobachten und kanalisieren.[146] Führende sowjetische Wissenschaftler geben unumwunden zu, daß die Lehre Lenins von den gesellschaftlichen Organisationen als „Transmissionsriemen" der kommunistischen Partei unverändert Geltung besitzt.[147] Diese Transmissionsfunktion äußert sich vor allem in der ausschlaggebenden Repräsentanz von Parteimitgliedern in den Führungspositionen[148] und der ausdrücklichen Anerkennung des Führungsanspruchs der kommunistischen Partei durch die vom Staat erlassenen Mustersatzungen der gesellschaftlichen Organisationen.[149] Die Bedeutung der gesellschaftlichen Organisationen ist vor dem Hintergrund des Anfang der sechziger Jahre proklamierten Übergangs der Sowjetunion von einer Diktatur des Proletariats zu einem Staat des gesamten Volkes zu sehen. Als ein Wesensmerkmal dieses Volksstaates wird die zunehmende Übertragung staatlicher Angelegenheiten auf die Werktätigen angesehen, was sich in der gesteigerten Rolle der gesellschaftlichen Organisationen auswirken soll.

Im Rechtsetzungsprozeß bestehen ihre Befugnisse darin, Normen zu erlassen, die die innere Struktur der Organisation, die Kompetenz und Gliederung ihrer Organe, die Formen und Methoden ihrer Leitungstätigkeit, sowie die Beziehungen zu ihren Mitgliedern regeln.[150] Da sie ohne staatliche Beteiligung erlassen werden, wird derartigen

---

lichen Organisationen einbezogen werden. Da die Partei aber das Organisationsmonopol über die gesellschaftlichen Organisationen beansprucht, ist es sachgerechter, ihr eine Sonderstellung einzuräumen.

[146] Vgl. dazu *G. Brunner*, Einführung in das Recht der DDR, 2. Aufl., München 1979, S. 74.

[147] Vgl. die Nachweise bei *L. Schultz* (Anm. 144), S. 236.

[148] Vgl. *Z. A. Jampolskaja* (Anm. 144), S. 42; auch *L. Schultz*, S. 237 ff., wo die personale Verflechtung zwischen Jugendverband und Partei sowie zwischen Gewerkschaft und Partei für die Sowjetunion und die DDR veranschaulicht werden.

[149] Als die polnische Gewerkschaft Solidarität ihre Satzung dem Bezirksgericht von Warschau zur Registrierung vorlegte, wurde dies mit der Begründung verweigert, daß die Satzung nichts über die führende Rolle der kommunistischen Partei und auch keine Hinweise auf das bestehende sozialistische Gesellschaftssystem enthalte, vgl. dazu *L. Schultz*, S. 234.

[150] Vgl. *AllThSR IV*, S. 150.

Normen die Rechtsnormqualität allgemein abgesprochen. Sie werden ebenso wie die Parteinormen als „Sozialnormen“ bezeichnet, die den Moralnormen nahestehen.[151]

Ihre zunehmende Bedeutung wird darauf zurückgeführt, daß sich das allmähliche Absterben von Staat und Recht gegenwärtig bereits in der allmählichen Ersetzung staatlicher Rechtsnormen durch Normen gesellschaftlicher Organisationen auswirkt, deren normative Kraft nicht auf staatlichem Zwang, sondern auf der Autorität der betreffenden gesellschaftlichen Organisation und dem Prinzip der Freiwilligkeit beruht.[152]

Aus dem Vorhergesagten ergibt sich jedoch, daß diese Normen nicht Ausdruck einer irgendwie gearteten Autonomie der betreffenden Organisation sind, sondern letztlich Willensausdruck der kommunistischen Partei.[153] Tatsächlich bedeuten diese Normsetzungsbefugnisse lediglich eine Kompetenzverlagerung. Statt staatlicher Organe transformieren Organe der gesellschaftlichen Organisation den Parteiwillen in allgemeinverbindliche Normen. Im Ergebnis bedeutet dies keinen Abbau staatlicher Gesetzgebung; denn eine Verringerung der Reglementierung des gesellschaftlichen Lebens oder gar einen Übergang der Normsetzung auf die Mitglieder der Gesellschaft bringen derartige Befugnisse soweit ersichtlich nicht mit sich.[154]

Auch der Zwangscharakter kann den Normen gesellschaftlicher Organisationen nicht abgesprochen werden. Zwar beruht ihre Durch-

---

151 *AllThSR IV*, S. 150.

152 *AllThSR IV*, S. 150; vgl. dazu auch *D. Pfaff*, Die Entwicklung der sowjetischen Rechtslehre, Köln 1968, S. 215; *B. Meissner*, Das Parteiprogramm der KPdSU von 1903—1961, Köln 1962, S. 99 ff.

153 Beispielsweise werden in der Satzung des FDGB der von der SED erhobene gesellschaftliche und politische Führungsanspruch und der Marxismus als ideologisch-programmatische Grundlage seines Handelns ausdrücklich anerkannt. Als Teil der „sozialistischen Demokratie“ ist es die Aufgabe des Gewerkschaftsbundes, sich für die Durchführung des Programms und der Beschlüsse der SED und der staatlichen Organe aktiv einzusetzen. Er ist damit so sehr in die staatliche Leitungsverantwortlichkeit eingebettet, daß sich die in der Verfassung der DDR betonte Unabhängigkeit des Gewerkschaftsbundes, Art. 44, lediglich als Ausfüllung der durch die Partei- und Staatsorgane vorgeformten Handlungsspielräume darstellt, vgl. dazu *S. Mampel*, Die sozialistische Verfassung der Deutschen Demokratischen Republik, Kommentar, 2. Aufl., Frankfurt/M. 1982 zu Art. 44, Anm. 9. Allerdings bestehen in den sozialistischen Staaten Tendenzen, den Gewerkschaften eine gewisse Eigenständigkeit zuzubilligen. Damit gewinnt ihre Aufgabe als Interessenvertretung zunehmende Bedeutung. Damit verbunden ist eine gewisse Kontrollfunktion gegenüber staatlichen und wirtschaftlichen Organen, z. B. ihre Aufgabe über die Einhaltung der gesetzlichen Bestimmungen des Arbeitsschutzes zu wachen.

154 Dies wird gegenwärtig wohl auch nicht angestrebt, da ein endgültiger Abbau des Staates und des Rechts erst möglich sein soll, wenn die äußere Bedrohung der sozialistischen Staaten durch den Kapitalismus entfällt, vgl. *R. Arlt / G. Stiller* (Anm. 53), S. 12 ff.

setzungsfähigkeit nicht auf staatlichem Zwang, wohl aber auf der „Autorität" der betreffenden gesellschaftlichen Organisation. Damit ist nichts anderes gemeint, als daß die von den gesellschaftlichen Organisationen erlassenen Normen durch „disziplinarische Erziehungsmaßnahmen" der betreffenden Organisation gewährleistet werden.[155] Letztlich stellt sich sowohl der Einsatz staatlichen Zwanges als auch die Autorität der gesellschaftlichen Organisationen als Folge der einheitlichen — aus Staat, Partei und gesellschaftlichen Organisationen bestehenden — sozialistischen Sozialverfassung dar. Die Qualifizierung der Normen gesellschaftlicher Organisationen als „Sozialnormen" vermag daher nur auf einen formalen, nicht aber auf einen materialen Unterschied zu den staatlichen Rechtsnormen hinzudeuten.

Vergleichbar mit den „gemeinsamen Beschlüssen" von Staats- und Parteiorganen kommen auch staatliche Rechtsetzungsakte vor, die unter Beteiligung einzelner gesellschaftlicher Organisationen zustande kommen. Diese Beteiligung äußert sich entweder in der unmittelbaren Mitwirkung der gesellschaftlichen Organisation am Rechtsetzungsverfahren oder durch die Herstellung des Einvernehmens mit den staatlichen Organen.[156] Gegenwärtig sind vor allem die gewerkschaftlichen und genossenschaftlichen Massenorganisationen mit entsprechenden Befugnissen ausgestattet.[157]

Diese Normen werden konsequent wegen der staatlichen Beteiligung als Rechtsnormen betrachtet, wobei aber darauf hingewiesen wird, daß hinter ihnen nicht nur die Macht des Staates, sondern auch die Autorität der Organisation steht.[158] Auch hiergegen ist der Einwand zu erheben, daß derartige Normsetzungsbefugnisse der gesellschaftlichen Organisationen sich nur formal von den Befugnissen staatlicher Organe unterscheiden.

§ 9 Zwangscharakter des Rechts

Wenn das Recht als das System allgemeinverbindlicher staatlicher Verhaltensnormen dargestellt wird, so ist damit stets seine Durchsetzbarkeit mitgemeint. Denn der Erlaß von Rechtsnormen bildet keinen Selbstzweck, sondern ihm liegt die Erwartung zugrunde, daß die in den Rechtsnormen enthaltenen Verhaltensanforderungen von den Norm-

---

155 Vgl. *MLSR*, S. 535.

156 *AllThSR IV*, S. 151; *MLSR*, S. 536. Die Herstellung des Einvernehmens mit staatlichen Organen erfolgt, indem die gesellschaftlichen Organisationen Normen entwerfen, die vom Staat vorweg durch Delegations- oder nachträglich durch Sanktionsnormen gebilligt werden, vgl. hierzu auch *K. Ebel* (Anm. 63), S. 180 ff.

157 *AllThSR IV*, S. 235 ff.; 105.

158 *AllThSR IV*, S. 151.

adressaten befolgt werden. Ist dies nicht der Fall, setzt der Staat Zwangsmittel ein, die die Verwirklichung der Rechtsnormen gewährleisten. In der Zurverfügungstellung eines Instrumentariums staatlicher Zwangsmittel besteht gerade die Besonderheit der Rechtsordnung gegenüber anderen sozialen Normenordnungen.[159] Das Zwangsmoment im Recht kann ebenso wie der Rechtsbegriff selbst der Sphäre des Sollens oder der Sphäre des Seins zugeordnet werden.

Für die Rechtsnormen ist charakteristisch, daß sie menschliches Verhalten nicht bloß vorschreiben, sondern für das gegenteilige Verhalten eine Sanktion als gesollt statuieren: unter der Bedingung der Nichtbefolgung der Norm, soll den Adressaten eine bestimmte Sanktion treffen. Diese Sanktion dient entweder der Herbeiführung des gesollten Verhaltens oder der Motivation — ggf. durch Repressionen — für künftige Fälle, in denen sich das Verhaltensgebot aktualisiert. In der allergrößten Zahl rechtlicher Verhältnisse bewirkt bereits diese Androhung, daß sich die Normadressaten dem darin enthaltenen Gebot entsprechend verhalten. Es wirkt also durch die bloße Existenz der Rechtsnorm in ihrer dreigliedrigen Struktur ein psychologischer Zwang auf die Normadressaten ein.[160]

Verhält sich der Normadressat trotzdem nicht normkonform, kommt es zur Anwendung staatlicher Zwangsakte. Man kann dies als „betätigten Zwang“ bezeichnen — im Gegensatz zu der in den Rechtsnormen enthaltenen Sanktionsdrohung, die sich lediglich als „potentieller Zwang“ darstellt.[161]

Gewähr dafür, daß es im Falle normwidrigen Verhaltens tatsächlich zu staatlichen Zwangsakten kommt, bieten sogenannte „sekundäre Normen“. Dies sind bloße Verfahrensnormen, die sich von den zuvor genannten „primären Normen“ dadurch unterscheiden, daß sie sich nicht an die Bürger, sondern an die staatlichen Organe richten. Sie

---

[159] So jedenfalls die Vertreter der sogenannten Zwangstheorie, vgl. etwa *Th. Geiger* (Anm. 23), S. 161; *M. Weber* (Anm. 23), S. 90; *R. Thurnwald*, Werden, Wandel und Gestaltung des Rechts, Berlin 1934, S. 2. Die Zwangstheorie geht letztlich auf Anselm Feuerbach zurück, vgl. *H. Henkel* (Anm. 9), S. 121 m. w. N.

[160] Da die freiwillige Befolgung der Rechtsnormen die Regel ist — der Zwang somit ein untergeordneter Fall des Wirklichkeitsaspekts des Rechts — lehnen einige Autoren die Zwangstheorie mit beachtlichen Argumenten ab, vgl. *R. Marcic* (Anm. 10), S. 23; *H. Ryffel* (Anm. 111), S. 187; *E. Ehrlich* (Anm. 24), S. 17: „Die Ordnung in der menschlichen Gesellschaft beruht darauf, daß Rechtspflichten im allgemeinen erfüllt werden, nicht darauf, daß sie klagbar sind.“ Auf die Problematik der sog. lex imperfecta, d. h. einer Norm, die mit staatlichem Zwang nicht durchsetzbar ist, z. B. die Naturalobligationen, soll hier nicht eingegangen werden, vgl. dazu *W. Burckhardt*, Die Organisation der Rechtsgemeinschaft: Untersuchungen über die Eigenart des Privatrechts, des Staatsrechts und des Völkerrechts, 2. Aufl., Zürich 1944, S. 283.

[161] Die Terminologie entstammt *H. Henkel* (Anm. 9), S. 118 f.

stellen die Kompetenzen und Verfahren zur Durchsetzung der „primären Normen“ zur Verfügung und statuieren zugleich eine Sanktion gegen das betreffende Staatsorgan als gesollt, falls es der Verhaltensaufforderung, die die Norm enthält, nicht nachkommt.[162]

Damit stellt sich die gesamte Normenordnung als ein System von „primären“ und „sekundären“ Normen dar, die bewirken, daß der in den Normen statuierte „potentielle Zwang“ unter bestimmten Bedingungen in „betätigten Zwang“ umschlägt.[163] Es zeigt sich, daß die einzelnen Rechtsnormen erst als Bestandteil eines Normensystems zu staatlich garantiertem Recht werden.

Normativistisch-positivistische Rechtskonzeptionen, die das Recht ausschließlich als das System staatlicher Verhaltensnormen betrachten, können als Bestandteil des Rechtsbegriffs nur den „potentiellen Zwang“ auffassen. Das Recht ist danach eine Zwangsordnung, weil „bestimmte Zwangsakte unter bestimmten Bedingungen vollstreckt werden sollen“.[164] Konsequent begründet Kelsen den Zwangscharakter des Rechts weder daraus, daß der in den Normen angedrohte Zwang psychologische Wirkungen bei den Normadressaten auslöst, noch daraus, daß Zwangsakte vollstreckt werden; denn beide Bereiche sind der Seinssphäre zuzuordnen und daher nach seiner Ansicht nicht Bestandteil des Rechts.

Die Übereinstimmung der sozialistischen Rechtslehre mit der Reinen Rechtslehre ist in dieser Hinsicht außerordentlich groß. Zwar nehmen die Vertreter der sozialistischen Rechtstheorie nicht in der differenzierten Weise Stellung, wie Kelsen dies tat. Sie begnügen sich zumeist mit dem alllgemeinen Hinweis auf den Zwangscharakter des Rechts und erörtern sodann, in welchen Formen sich dieser Zwang im sozialistischen Staat äußert.[165] Es besteht aber angesichts der normativen Begriffsbestimmung kein Zweifel, daß für den Rechtsbegriff nur der in

---

[162] Vgl. *H. Nawiasky* (Anm. 39), S. 13 f.; 99 ff.; *R. Zippelius* (Anm. 9), S. 36. In der fehlenden Existenz eines wirksamen Zwangsapparates liegt das Problem des Völkerrechts, vgl. *G. Dahm*, Völkerrecht, Band I, Stuttgart 1958—1961, S. 8 ff.; *J. Binder*, Recht und Macht als Grundlage der Staatswirksamkeit, Erfurt 1921, S. 24.

[163] Diese Ausführungen dürfen nicht den Eindruck einer unzulässigen Verabsolutierung des Zwangsmoments im Recht erwecken. Zwang ist hier im allerweitesten Sinne zu verstehen. Es bedeutet lediglich, daß das Recht nicht insgesamt der Durchsetzbarkeit mittels Zwanges entbehren kann. Insoweit stimmen auch diejenigen Autoren zu, die der Zwangstheorie ablehnend gegenüberstehen, vgl. nur *H. Ryffel* (Anm. 111), S. 187.

[164] *H. Kelsen* (Anm. 7), S. 45.

[165] Vgl. *MLSR*, S. 399; *AllThSR I*, S. 257; zum Vergleich der marxistischen Rechtskonzeption mit der Reinen Rechtslehre in bezug auf den Zwangscharakter des Rechts auch *P. Römer*, Der Zwangscharakter des Rechts in der Rechtslehre Hans Kelsens und in der marxistischen Rechtstheorie, Schriftenreihe des Hans Kelsen Instituts, Bd. 3, Reine Rechtslehre und marxistische Rechtstheorie, S. 147—161.

den Normen statuierte gesollte Zwang relevant ist. Eindeutig ist die Formulierung von Haney/Wagner, die von „potentieller staatlicher Erzwingbarkeit“ als spezifischem Element des Rechts sprechen.[166] Ein wesentliches formales Element des Rechtsbegriffs besteht demnach aus der Sicht der marxistischen Rechtstheorie darin, daß die Rechtsnormen die Chance in sich bergen, in einem staatlich organisierten Erzwingungsverfahren durchgesetzt zu werden, falls sie nicht ohnedies befolgt werden.[167]

Ein Unterschied besteht aber insoweit zwischen der Reinen Rechtslehre und der marxistischen Rechtstheorie, als letztere den Rechtszwang inhaltlich — als Mittel der Klassenherrschaft — kennzeichnet. Die inhaltliche Ausgestaltung des in den Normen statuierten Zwanges soll sich wie der Normgehalt überhaupt als Widerspiegelungsgehalt der ökonomischen Gesetzmäßigkeiten in einem Prozeß ständiger Veränderung befinden. Deshalb sollen beträchtliche qualitative Unterschiede zwischen dem in den bürgerlichen- und dem in den sozialistischen Rechtsnormen verkörperten Zwang bestehen. Da die Menschen in der bürgerlichen Gesellschaft dem spontanen Wirken fremder, auf dem Privateigentum beruhender gesellschaftlicher Gesetze unterworfen seien, enthalte der Zwang im bürgerlichen Recht einen unterdrückenden ausbeuterischen Charakter. Demgegenüber sei der in den sozialistischen Rechtsnormen verkörperte Zwang Ausdruck der bewußten Ausnutzung der objektiven Gesetzmäßigkeiten, er sei daher zutiefst moralisch.[168] Diese Feststellung kann — ohne die Ausführungen über die materialen Elemente des Rechts vorwegzunehmen — nicht darüber hinwegtäuschen, daß der Androhung von Zwang in der sozialistischen wie in der bürgerlichen Gesellschaft stets ein unterdrückendes Moment innewohnt. Eine inhaltliche Verschiedenheit beider Rechtstypen ist durch diese Behauptung daher nicht zu begründen.

Auch die Feststellung, das sozialistische Recht werde im Gegensatz zum bürgerlichen Recht zunehmend freiwillig befolgt, da die Einsicht der Bevölkerung in die objektiven Notwendigkeiten der gesellschaftlichen Entwicklung größer werde, ist nicht überzeugend;[169] denn dies

---

[166] *G. Haney / I. Wagner* (Anm. 1), S. 98.

[167] Der Komplex der Rechtsverwirklichung kann daher in der vorliegenden Untersuchung außer Betracht bleiben, vgl. hierzu *I. Wagner*, Theoretische Probleme der Rechtsverwirklichung und der Rechtswirkung, StuR 1982, S. 445 ff.; ders., Zu einigen allgemeintheoretischen Fragen der sozialistischen Rechtsverwirklichung, StuR 1975, S. 1584 ff.

[168] Vgl. *G. Haney / I. Wagner* (Anm. 1), S. 98 ff.; *MLSR*, S. 399; *K. A. Mollnau / K. H. Röder*, Kollektivität und Zwang im sozialistischen Recht, StuR 1963, S. 580 ff.; *T. Schönrath*, Zur Problematik der Verbindlichkeit der sozialistischen Rechtsakte, Wissenschaftliche Zeitschrift der Friedrich Schiller Universität Jena, gesellschafts- und sprachwissenschaftliche Reihe, 15. Jhrg. 1966, S. 431 ff.

[169] So *MLSR*, S. 399; *R. Schindler / H. Pompoes*, Recht und Rechtsordnung

wurde durch empirisches Material nie belegt. Im übrigen wird auch in den bürgerlichen Staaten zunehmendes Gewicht auf die Erkenntnis gelegt, daß die Rechtsnormen in aller Regel freiwillig befolgt werden. Dies kommt schon in der ablehnenden Haltung vieler Autoren gegen die sogenannte Zwangstheorie vom Recht zum Ausdruck.[170]

Daß sich der Zwangscharakter des sozialistischen Rechts qualitativ tatsächlich nicht von demjenigen des bürgerlichen Rechts unterscheidet, wird auch daraus ersichtlich, daß die sozialistische Rechtslehre das Zwangselement selbst für die entwickelte sozialistische Sowjetgesellschaft als ein unentbehrliches Element des Rechtsbegriffs auffaßt:[171]

> „Im sozialistischen Staat wird die Erfüllung und Einhaltung der Rechtsnormen vor allem durch Überzeugung und Erziehung gewährleistet, denn diese Normen entsprechen objektiv den Interessen der Menschen. Es wäre jedoch falsch daraus zu folgern, daß das Recht im Sozialismus seinen Zwangscharakter verliert. Lenins bekannte These vom Zwang zur Einhaltung der Rechtsnormen, die er bei der Begründung der Existenz des Staates und des Rechts in der ersten Phase der kommunistischen Gesellschaft, das heißt im Sozialismus, formuliert, behält ihre Gültigkeit.“

§ 10 Verbindlichkeit des Rechts

Die Rechtsnormen enthalten keinen Rat oder Wunsch, sondern eine Anweisung direktiver Natur — sie sind für die Normadressaten unbedingt gesollt, verpflichtend, verbindlich. Diese formale Eigenschaft ist besonders augenfällig bei solchen Normen, die ein bestimmtes Verhalten verbieten und dieses Verbot unmittelbar mit der Androhung einer Sanktion für den Fall der Nichtbefolgung verknüpfen (z. B. Normen des materiellen Strafrechts). Dagegen ist nicht ohne weiteres auszumachen, in welchem Sinne Normen verbindlich sein können, die lediglich eine Ermächtigung oder Erlaubnis zu einem bestimmten Verhalten aussprechen.

Der Befolgungsanspruch derartiger Normen richtet sich nur gegen den Staat, der das erlaubte Verhalten zu dulden verpflichtet ist. Den Berechtigten trifft im Falle der Nichtrealisierung der Disposition solcher erlaubender Normen aber nur eine Sanktion, die in dem Ausbleiben einer positiven Rechtswirkung besteht. Für ihn ist die Norm nicht verbindlich im Sinne einer Verpflichtung, von der Erlaubnis Gebrauch zu machen.

---

in der Deutschen Demokratischen Republik, NJ 1971, S. 345 ff., 346; *H. Nathan*, Die Vollstreckung gerichtlicher Entscheidungen, NJ 1970, S. 183 ff.

[170] Vgl. nur *H. Henkel* (Anm. 9), S. 121, der darauf hinweist, daß Rechtsnormen in erster Linie darauf abzielen, die Rechtsunterworfenen durch geistig willensmäßige Beeinflussung zur freiwilligen Befolgung der Normen zu veranlassen.

[171] *AllThSR I*, S. 257.

Es ist daher sachgerechter, statt von der Verbindlichkeit von der Geltung der Rechtsnormen zu sprechen. Der Geltungsbegriff bezieht sich nicht nur auf Normen mit verbietender, sondern auch auf Normen mit erlaubender Disposition.[172] Die Rechtsnormen sind in dem Sinne gültig, daß die Realisierung bzw. Nichtrealisierung des als Inhalt der Disposition formulierten Verhaltens mit bestimmten Rechtsfolgen verbunden ist, nämlich entweder einem Rechtsnachteil bei Normen mit verbietender Disposition oder dem Ausbleiben einer Rechtswirkung bei Normen mit erlaubender Disposition.[173]

Die Frage nach dem Geltungsgrund des Rechts — nach der Ursache für seinen verpflichtenden Charakter — ist seit jeher unterschiedlich beantwortet worden. Dies hängt mit den verschiedenen Dimensionen zusammen, unter denen das Geltungsproblem aufgegriffen werden kann.[174]

Soziologische Rechtskonzeptionen, die das Recht als Bestandteil der sozialen Realität erfassen, sehen den Grund dafür, daß die Normen tatsächlich befolgt werden darin, daß die Normadressaten sie innerlich akzeptieren oder — falls dies im Einzelfall nicht zutrifft — daß sie mit staatlichen Sanktionen durchgesetzt werden.[175] Die Rechtsnormen sind danach verbindlich, wenn die sichere Chance besteht, daß der Befolgungsanspruch der Normen in einem organisierten Erzwingungsverfahren durchgesetzt wird, sofern sie nicht freiwillig befolgt werden.

Von einem rein normativistischen Standpunkt — wie dem marxistischen — ist der Schluß von der realen Durchsetzungschance auf die verpflichtende Kraft der Normen selbst aber nicht möglich. Für die vorgenannten soziologischen Konzeptionen erschöpft sich die Existenz des Rechts in den tatsächlichen Vollzugsakten. Eine spezifische Existenz

---

172 Wie hier *R. Marcic* (Anm. 10), S. 153; *Th. Geiger* (Anm. 23), S. 165 ff.; *K. Engisch* (Anm. 39), S. 56 ff.; aus der marxistischen Literatur *V. Peschka,* Die Theorie der Rechtsnormen, Budapest 1982, S. 215 f. Anders dagegen die naturrechtlichen Theorien. Nach ihnen ist eine geltende positive Rechtsnorm nur dann verbindlich, wenn sie auf dem Naturrecht beruht, vgl. *H. Mitteis* (Anm. 112), S. 38; *H. Coing,* Grundzüge der Rechtsphilosophie, 2. Aufl., Berlin 1969, S. 206 ff.

173 Vgl. *V. Peschka,* S. 216. Das formale Merkmal der Verbindlichkeit des Rechts wird im sozialistischen Schrifttum ausgesprochen nachlässig behandelt. Soweit hierzu Ausführungen erfolgen, enthalten sie zumeist nur Allgemeinplätze, so etwa *D. A. Kerimov* (Anm. 6), S. 134 ff. Ausführlich ist dagegen die genannte Darstellung von Peschka, vgl. aber auch Objektive Gesetze, Recht, Handeln (Anm. 70), S. 92.

174 In jüngster Zeit haben mehrere Autoren versucht, die verschiedenen Geltungsaspekte des Rechts herauszustellen, vgl. etwa *H. Ryffel* (Anm. 111), S. 372; *K. Engisch* (Anm. 39), S. 56 ff.; *H. Henkel,* Dimensionen des Rechts, Gedächtnisschrift für R. Marcic, Bd. I, Berlin 1974, S. 63 ff.

175 Vgl. etwa M. Webers Lehre von der Durchsetzungschance oder Th. Geigers Lehre von der Wirkungschance des Rechts, Nachweise bei *R. Zippelius* (Anm. 24), S. 86 ff.

der Rechtsnormen — als geistiges Sein — halten sie für ausgeschlossen. Normativistischen Konzeptionen liegt demgegenüber die Annahme zugrunde, daß die Rechtsnormen mit ihrer Positivierung eine eigene Existenz, ein gegenständliches — von der Autorität des Gesetzgebers und der Akzeptation und Befolgung durch die Rechtsgenossen unabhängiges — Sein erlangen. Die Normen erheben den Anspruch auf Befolgung unabhängig von den Vorstellungen und Handlungen der einzelnen Rechtsunterworfenen. Die Verbindlichkeit der Normen als deren Verpflichtungskraft muß daher der Vorstellung des Verpflichtetseins oder gar der tatsächlichen Befolgung durch die Normadressaten vorausgehen. Die faktische Komponente der Wirksamkeit des Rechts kann daher nicht ausschließlich zur Begründung ihres verpflichtenden Charakters herangezogen werden.[176]

Der Zugang zu dem verpflichtenden Charakter der Rechtsnormen eröffnet sich vom rein normativistischen Standpunkt aus, wenn das Recht nicht mit Blick auf seine soziale Wirkung, sondern ausschließlich auf seine normative Existenz betrachtet wird.

Die Rechtsnormen sind Gebilde, die als reales Sein das Ergebnis eines geistigen Schöpfungsprozesses sind. Mit ihrer Positivierung durch den Gesetzgeber erlangen sie einen für jedermann wahrnehmbaren und verständlichen Ausdruck. Dadurch wird die spezifische Existenz der Normen unabhängig von den Vorstellungen und dem Willen ihres geistigen Urhebers. Der ihnen beigegebene Sinn bleibt unabhängig vom Fortbestand des betreffenden Gesetzgebers bestehen. In diesem existentiellen Sinne ist jede Norm verbindlich, die vom staatlichen Gesetzgeber gesetzt worden ist, unabhängig von ihrer faktischen Wirksamkeit.[177]

Wäre der staatliche Willensakt der Normsetzung die einzige Bedingung ihrer Verbindlichkeit, so könnten die Normen jeden beliebigen Inhalt aufweisen und wären doch verbindliches Recht. Dies ist in der Tat der Standpunkt jener extremen Auffassungen des Gesetzespositivismus, die in der Allmacht des Gesetzgebers, der kraft seiner Herrschaft in der Lage ist, sich vermittels des Zwanges und der Willensunterwerfung durchzusetzen, den alleinigen Geltungsgrund des Rechts sehen. Um dieses Ergebnis zu vermeiden, ziehen sowohl moderne bürgerliche

---

176 Ebenso *H. Henkel* (Anm. 9), S. 554 f. Treffend ist die Bemerkung Husserls, wonach Rechtsnormen Geltung auch während eines gedachten Zeitraumes besitzen, indem alle Mitglieder der Rechtsgemeinschaft traumlos schlafen, vgl. *G. Husserl*, Rechtskraft und Rechtsgeltung, Bd. I, Berlin 1925, S. 7.

177 Aus diesem Grunde ist es zulässig, die Begriffe „Positivität“ und „Geltung“ synonym zu verwenden, so etwa *H. Ryffel* (Anm. 111), S. 372. Einschränkungen sind insoweit allenfalls wegen des unterschiedlichen Zeitpunktes der Setzung und des Inkrafttretens von Rechtsnormen zu machen.

Rechtstheorien als auch die marxistische Rechtskonzeption inhaltliche Kriterien zur Begründung des verpflichtenden Charakters der Rechtsnormen heran.[178]

Die marxistische Auffassung sieht die Rechtsnormen als verbindlich an, weil sie die ökonomischen Verhältnisse adäquat widerspiegeln. Erst die Übereinstimmung des Inhalts der Normen mit den gegebenen gesellschaftlichen Produktionsverhältnissen sichert den Rechtsnormen die Chance, in der Wirklichkeit realisiert zu werden.[179] Diejenige gesellschaftliche Organisation, die darüber entscheidet, ob die Normen den gesellschaftlichen Verhältnissen entsprechen, ist aber der Staat der gegebenen Gesellschaft. Er ist letztlich der die Verbindlichkeit des Rechts unmittelbar bestimmende Faktor:[180]

> „Das in der Rechtsnorm formulierte Verhalten erscheint eben deshalb als gültig, verpflichtend und zu befolgend, weil mit Bezug auf das vorgeschriebene menschliche Verhalten die Rechtsnorm auch ausspricht, daß der Staat der gegebenen Gesellschaft, der Zwangsapparat der herrschenden Klasse, hinter oder neben diesem Verhalten steht, dessen Verwirklichung mit seinem Zwangsmechanismus stützt und sichert."

Da ein Widerspruch zwischen dem Staatswillen und den objektiven Bedingungen der sozialistischen Gesellschaft für ausgeschlossen gehalten wird, ist jedes staatliche Gesetz auch verbindlich.

Steht der gesellschaftliche Inhalt der Norm aber doch einmal nicht mit den Erfordernissen der gesellschaftlichen Verhältnisse in Einklang — etwa durch inzwischen eingetretene Veränderungen der ökonomischen Basis — so wird die einmal vom Staat erlassene Norm erst für unverbindlich erachtet, wenn sie ihre Durchsetzungsfähigkeit verloren hat:[181]

> „Wenn hingegen in der Rechtsnorm als Allgemeines ein gesellschaftlicher Inhalt erscheint, der mit den gegebenen gesellschaftlichen Bedingungen nicht in Einklang steht, die gesellschaftliche, vor allem wirtschaftliche

---

[178] In der bürgerlichen Rechtstheorie wird die Verbindlichkeit der Rechtsnormen zum Teil damit begründet, daß diese bestimmten ethischen Wertvorstellungen oder einem bestimmten Zeitgeist entsprechen, vgl. etwa *A. Kaufmann*, Recht und Sittlichkeit, in: Rechtsphilosophie im Wandel, Frankfurt/M. 1972, S. 235. An dieser Auffassung wird kritisiert, daß die dem Recht zugrunde liegende ethische Ordnung sich im Verlaufe der Zeit verschieben kann; darüber hinaus kann es zu Zeiten eines sich schnell verändernden Auffassungswandels schwierig sein, überhaupt festzustellen, ob das Recht dem Zeitgeist entspricht, vgl. hierzu *V. Petev* (Anm. 10), S. 63; vom Standpunkt eines demokratischen Rechtsetzungsprozesses erscheint es daher zutreffender, die Verbindlichkeit der Rechtsnormen daraus zu begründen, daß sie in einem demokratischen Willensbildungsprozeß zustande gekommen sind, darüber *N. Luhmann*, Legitimation durch Verfahren, Neuwied 1969, S. 251 ff.

[179] *MLSR*, S. 403; *V. Peschka* (Anm. 172), S. 231.

[180] *V. Peschka*, S. 233.

[181] *V. Peschka*, S. 232.

Gebundenheit des Rechtsnorminhalts also nicht beachtet und dieser willkürlich, auf subjektivistische Weise bestimmt wurde, so nimmt die Möglichkeit der Wirksamkeit der Rechtsnorm ab, wird ihre Geltung zweifelhaft, weil die soziologische Basis, mit deren Interesse und Willen der Inhalt der Rechtsnorm sich trifft, äußerst schmal wird."

Darüber, ob eine Norm wirksam wird, entscheidet aber wiederum der Staat, in dessen Macht es steht, Normen, die der ökonomischen Basis widersprechen, mit seiner Zwangsgewalt durchzusetzen. Die ökonomischen Verhältnisse können daher nur insofern für die Geltung des Rechts relevant sein, als der Staatswille selbst durch die ökonomischen Verhältnisse bedingt ist. Hierdurch unterscheidet sich die marxistische Geltungskonzeption von den Machttheorien des Gesetzespositivismus:[182]

„Es ist also kein Zufall, daß zahlreiche bürgerliche rechtstheoretische Konzeptionen die Geltung der Rechtsnorm unmittelbar und ausschließlich auf den Staat zurückführen. Sie lassen dann aber — selbst wenn sie damit die Gesellschaftlichkeit als Grundlage für die Geltung der Rechtsnormen anerkennen — die Tatsache außer acht, daß auch der Staat, als ein die Geltung der Rechtsnorm begründender Faktor, selbst durch die grundlegenden Produktions- und gesellschaftlichen Verhältnisse bestimmt ist."

§ 11 Recht und andere soziale Normen

Die Rechtsordnung ist Bestandteil der Sozialordnung, die wiederum aus der Gesamtheit der in der Gesellschaft existierenden sozialen Normenordnungen besteht. Welche sozialen Normen außer dem Recht Einfluß auf die Gestaltung der gesellschaftlichen Beziehungen haben, kann nicht abschließend und eindeutig bestimmt werden. Im sozialistischen Schrifttum wurde herkömmlich zwischen den Rechtsnormen, den Moralnormen und den Normen des gesellschaftlichen Zusammenlebens unterschieden.[183] Inzwischen wird eine weitergehende Differenzierung gebraucht. Als eigenständige Arten sozialer Normen werden den Rechtsnormen die Moralnormen, Bräuche, Normen gesellschaftlicher Organisationen, organisatorische Regeln, politische Normen, sowie technische Regeln gegenübergestellt. Eine Abgrenzung dieser verschiedenen sozialen Normenordnungen voneinander kann nicht eindeutig nach dem jeweiligen Regelungsbereich des betreffenden Normensystems erfolgen.

Beispielsweise lehnt die marxistische Rechtstheorie die teilweise in bürgerlichen Rechtskonzeptionen vertretene Auffassung von der Inner-

---

[182] *V. Peschka,* S. 233.

[183] Das Zivilgesetzbuch der DDR vom 16. 9. 1975 benutzt die Begriffe „Regeln des sozialistischen Zusammenlebens", § 13 und „Grundsätze der sozialistischen Moral", §§ 2, 14, Präambel. Zur gegenwärtig vertretenen Differenzierung *AllThSR IV,* S. 132; *R. Arlt / G. Stiller* (Anm. 53), S. 80.

lichkeit der Moral und der Äußerlichkeit des Rechts ab.[184] Die Regelungssphäre von Rechts- und Moralnormen stimmt daher teilweise überein.

Ebensowenig wie der Regelungsbereich ein tragfähiges Unterscheidungskriterium darstellt, ist dies die Quelle der jeweiligen Normenordnungen; denn die gemeinsame Quelle der gesamten Sozialordnung sind die ökonomischen Verhältnisse und der objektive Klassenwille.[185]

Die Abgrenzung wird daher weitgehend nach formalen Kriterien vorgenommen, wie dem zwingenden und dispositiven Charakter der betreffenden Normen, den Methoden und der Einwirkung auf den Willen und das Bewußtsein der Menschen, sowie in den Resultaten, die durch die betreffende Normenordnung auf das gesellschaftliche Leben erzielt werden.[186]

I. Moralnormen

Die Abgrenzung der Rechts- von den Moralnormen wird von den Autoren der Allgemeinen Theorie nach insgesamt sechs verschiedenen Kriterien vorgenommen:[187]

„*Erstens* bringen die Rechtsnormen den staatlichen Willen zum Ausdruck und werden vom Staat nach einer bestimmten Ordnung festgelegt oder sanktioniert. Sie sind ein staatliches Gebot. Dagegen bilden sich die Moralnormen allmählich in der Gesellschaft heraus, sie bringen den gesellschaftlichen Willen zum Ausdruck und stellen ein gesellschaftliches Gebot dar.

Zweitens werden die den staatlichen Willen zum Ausdruck bringenden Rechtsnormen in besonders festgelegten Formen (Gesetzen, Erlassen, Beschlüssen usw.) erlassen, die auf ihre Allgemeinverbindlichkeit hinweisen... Dagegen sind Moralnormen im Bewußtsein der Menschen gegenwärtig und bedürfen nicht unbedingt des schriftlichen Ausdrucks. Das moralische Bewußtsein besitzt an und für sich normative Bedeutung...

Drittens werden die Rechtsnormen offiziell in Kraft gesetzt. Sie werden zum genau festgelegten Zeitpunkt rechtskräftig. Dagegen werden die Normen der kommunistischen Moral, die im Bewußtsein des fortgeschrittenen Teils der Mitglieder der sozialistischen Gesellschaft entstehen, all-

---

[184] Vgl. hierzu *A. Uschakow*, Recht und Moral in der Theorie und Praxis der kommunistischen Staaten, OER 1974, S. 1—30, 5; *AllThSR IV*, S. 137.

[185] *AllThSR IV*, S. 131 ff.

[186] *AllThSR IV*, S. 132; *R. Arlt / G. Stiller* (Anm. 53), S. 82.

[187] *AllThSR IV*, S. 140 f. Die Moral wird von *G. Haney / I. Wagner* (Anm. 1), S. 284 definiert „als Gesamtheit von geschichtlich bedingten und gewordenen Verhaltensregeln, Werten und Normen der Menschen, auf deren Grundlage sie ihre Beziehungen zueinander, zur Gesellschaft, zu einer bestimmten Klasse, zur Arbeit, zum Staat, zur Nation, zur Familie, zum Arbeitskollektiv usw. regeln und die durch persönliche Überzeugung, Tradition, Erziehung, kraft der öffentlichen Meinung der gesamten Gesellschaft oder bestimmter Klassen aufrechterhalten werden."

mählich verbreitet und zwar in dem Maße, wie sich die öffentliche Meinung der einzelnen Gruppen, Organisationen, Klassen oder der Gesamtgesellschaft ihrer bemächtigen ...

Viertens bilden die Rechtsnormen immer ein System, das hinsichtlich seines sozialen Inhalts und normativen Auftrags einheitlich ist. Sie besitzen allgemeine und formale Verbindlichkeit für alle. Die Moral hingegen verfügt nicht über diese Einheitlichkeit und sie besitzt auch nicht die allgemeine und formale Verbindlichkeit. Sie hängt in vieler Hinsicht vom gesellschaftlichen Milieu ab, in dem sich das moralische Handeln vollzieht, von den Forderungen jener sozialen Gruppen und ihren Organisationen, denen der Mensch angehört. In der sozialistischen Gesellschaft, in der eine einheitliche Moral existiert, erstrecken sich deren Normen gleichermaßen auf alle Mitglieder der Gesellschaft. Doch auch hier ist ihre praktische Bedeutung vom Niveau des moralischen Bewußtseins bestimmter Menschgruppen abhängig und deshalb unterschiedlich.

Fünftens werden die Rechtsnormen durch staatlichen Zwang gewährleistet, denn das Recht ist nichts ohne einen Apparat, der imstande wäre, die Einhaltung der Rechtsnormen zu erzwingen. Die moralischen Normen hingegen werden durch gesellschaftlichen Zwang auf dem Wege der Herausbildung einer öffentlichen Meinung, sowie durch innere moralische Motive und Handlungsstimuli der Menschen gewährleistet.

Sechstens unterscheiden sich die Rechtsnormen nach ihrer detaillierten Normierung des Verhaltens der Subjekte des gesellschaftlichen Lebens. Die Moralnormen treten mehr als allgemeines Prinzip denn als konkrete Regel auf."

Sämtliche Kriterien beleuchten nur verschiedene Aspekte der prinzipiellen Unterscheidung zwischen den Rechtsnormen als staatlichen Normen und den Moralnormen als gesellschaftlichen Normen. Es wird sich zeigen, daß der staatliche Charakter der Rechtsnormen auch für die Abgrenzung des Rechts von den anderen sozialen Normenordnungen ausschlaggebend ist.[188]

II. Bräuche

Unter dem Oberbegriff der Bräuche werden soziale Gewohnheiten, Traditionen und Normen des kultivierten Verhaltens verstanden. Die Gewohnheiten werden definiert als[189]

„mehr oder minder stabile, historisch entstandene Regeln (Normen) des gesellschaftlichen Verhaltens der Menschen, ihrer Lebensweise, die in der

---

[188] Ein nicht auf den staatlichen Charakter des Rechts bezogenes Unterscheidungskriterium nennen lediglich *R. Arlt / G. Stiller* (Anm. 53), S. 82. Sie unterscheiden das Recht von der Moral nach seinem geschichtlichen Schicksal in der kommunistischen Gesellschaft — das Recht stirbt ab, die Moral bleibt bestehen. Ein tragfähiges Unterscheidungskriterium ist dies natürlich nicht, solange Staat und Recht noch existieren, anschließend erübrigt sich eine Abgrenzung.

[189] *A. F. Sebanow,* zitiert in: *AllThSR IV,* S. 144.

Gesellschaft im Ergebnis ihrer vielfachen Anwendung durch die Menschen festgelegt, von Generation zu Generation überliefert und kraft der öffentlichen Meinung geschützt werden."

Nur graduell von den Gewohnheiten unterscheiden sich die Traditionen. Sie entstehen dadurch,[190]

„daß Organisationen bestimmte Regeln, die nicht zur festen Gewohnheit geworden sind, systematisch in die praktische Arbeit und in das Verhalten einführen."

Normen des kultivierten Verhaltens sind nach der Definition der Autoren der Allgemeinen Theorie schließlich[191]

„Regeln des Anstands, der Schicklichkeit und des guten Tons, die in der Gesellschaft (in bestimmten Schichten der Gesellschaft) die allgemein anerkannte Etikette bilden."

Bräuche, vor allem soziale Gewohnheiten, erhalten die Qualität von Rechtsnormen, wenn sie staatlich sanktioniert werden. Solange dies aber nicht geschieht, unterscheiden sie sich auch dadurch von den Rechtsnormen, daß ihre regulative Funktion angesichts der Gewohnheit ihrer Befolgung weniger im Vordergrund steht als bei den Rechtsnormen.

Da die Bräuche der Einflußnahme von Staat und Partei weitestgehend entzogen sind, wird von der marxistischen Rechtstheorie in ihrer Zurückdrängung eine wichtige Aufgabe des „ideologischen Klassenkampfes" gesehen.[192] Theoretisch wird dieses Erfordernis allerdings damit begründet, daß die Bräuche als die dauerhaftesten Sozialnormen nur schwer der gesellschaftlichen Entwicklung zu folgen vermögen. In dieser Unbeweglichkeit — ihrem Konservatismus — sieht die marxistische Rechtslehre ihren entscheidenden Mangel.

III. Organisatorische Regeln und politische Normen

Neben den Normen der gesellschaftlichen Organisationen und den Parteinormen werden von den Autoren der Allgemeinen Theorie noch die sogenannten politischen Normen und organisatorischen Regeln genannt.[193]

Das charakteristische Merkmal der politischen Normen — insbesondere ihre Unterscheidung von den Parteinormen und den Normen gesellschaftlicher Organisationen — wird allerdings nur wenig erhellt. Im rechtstheoretischen Lehrbuch der DDR werden die politischen Nor-

---

[190] *AllThSR IV*, S. 145.

[191] *A. F. Schischkin*, zitiert in: *AllThSR IV*, S. 147.

[192] *MLSR*, S. 536.

[193] Zu den Parteinormen und den Normen gesellschaftlicher Organisationen vgl. oben § 8 I.

men als eigenständige Kategorie sozialer Normen überhaupt nicht erwähnt. Auch die Autoren der Allgemeinen Theorie ziehen in Zweifel, ob es sich hierbei überhaupt um eine eigenständige Art der Sozialnormen handelt. Für möglich gehalten wird ihre Anerkennung als übergeordnetes politisches Prinzip — z. B. die lenkende Rolle der kommunistischen Partei im System der politischen Organisation —, das aus sich heraus wirksam ist, ohne in Form anderer Sozialnormen irgendeinen Ausdruck zu finden.[194]

Die organisatorischen Regeln sind Grundsätze und Empfehlungen, die sich auf die innere Organisation und die Tätigkeit der staatlichen und gesellschaftlichen Organisationen beziehen. Da sie nicht von den verfassungsrechtlich festgelegten Gesetzgebungsorganen erlassen werden, wird ihnen die Rechtsnormqualität abgesprochen. Das ändert aber nichts an ihrem verpflichtenden Charakter und der Tatsache, daß sie in Übereinstimmung mit der politischen Linie der Partei und der sozialistischen Gesetzlichkeit geschaffen und angewendet werden müssen.[195] Besonders wichtige organisatorische Tätigkeiten, die nicht nur nach praktischen Zweckmäßigkeitserwägungen verlaufen, sondern nach spezifischen Wertungskriterien, werden in der Praxis der sozialistischen Staaten auch durch Rechtsnormen geregelt (z. B. die Kaderauswahl).

IV. Sozial-technische Normen

Unter sozial-technischen Normen werden Verhaltensanforderungen verstanden, die sich auf den Umgang der Menschen mit technischen Instrumenten und Werkzeugen beziehen. Dies betrifft etwa die Einhaltung bestimmter Sicherheitsvorkehrungen. Vielfach sind sozialtechnische Normen vom Staat formell-juristisch sanktioniert worden, entweder indem die technische Anforderung in einer Rechtsnorm ausdrücklich in der Disposition Eingang gefunden hat oder indem die Rechtsnorm auf technische Forderungen hinweist, die in speziellen technischen Instruktionen und anderen Normen enthalten sind, die selbst nicht von staatlichen Organen erlassen wurden. So verweisen etwa die Bestimmungen über den Arbeitsschutz auf derartige Instruktionen. In diesen Fällen soll die technische Norm nicht Bestandteil der Rechtsnorm sein, sondern diese lediglich ergänzen.[196] Auch insoweit stellt also der staatliche Charakter der Rechtsnormen das ausschließliche Abgrenzungskriterium dar.

---

194 *AllThSR IV*, S. 153.

195 *AllThSR IV*, S. 155.

196 *AllThSR IV*, S. 157.

Dritter Abschnitt

Inhaltliche Elemente des Rechtsbegriffs

Im Manifest der kommunistischen Partei haben Marx und Engels das bürgerliche Recht als den „zum Gesetz erhobenen Willen“ der Bourgeoisie bezeichnet, „dessen Inhalt gegeben ist in den materiellen Lebensbedingungen“ dieser Klasse.

Obwohl sich die Charakterisierung auf das bürgerliche Recht bezieht, ist es gegenwärtig Allgemeingut der sozialistischen Rechtstheorie, daß das Recht in jeder sozialökonomischen Formation, in der es als Ordnungs- und Verteilungsinstrument besteht, Ausdruck des Willens der jeweils herrschenden Klasse ist. Bei aller Vielfalt der Definitionen, die im Verlaufe der rechtstheoretischen Entwicklung der sozialistischen Staaten vertreten wurden, bildete die Anerkennung des Klassen- und Willenscharakters des Rechts doch immer die Grundlage der Begriffsbestimmung. In dieser Hinsicht steht die sozialistische Rechtstheorie durchaus in einer Kontinuität zu den Klassikern des Marxismus.[1]

Allerdings hat diese Lehre durch den XXI. und XXII. Parteitag der KPdSU eine Fortschreibung erfahren.[2] In der entwickelten sozialistischen Gesellschaft, der dritten und letzten Phase der sozialistischen Gesellschaftsentwicklung, soll das Recht nicht mehr Ausdruck des Willens einer herrschenden Klasse sein, da antagonistische Klassengegensätze und somit soziale Klassen im herkömmlichen Sinne in dieser Phase nicht mehr bestehen. Das Recht soll vielmehr bereits Ausdruck des Willens des ganzen Volkes sein — ein Zustand, der in der Sowjetunion als einzigem sozialistischen Staat nach der Festschreibung im Programm des XXII. Parteitages bereits erreicht ist.

---

[1] Diese Kontinuität bezieht sich nur auf die materialistische Ableitung des Klassenwillens. Eine Kontinuität besteht zu den Klassikern insofern nicht, als danach eine sozialistische Rechtstheorie wegen des angestrebten Absterbens von Staat und Recht unmöglich erscheint, vgl. hierzu *W. Paul*, Das Programm marxistischer Rechtslehre — ein kritischer Rekonstruktionsversuch, in: N. Reich (Hrsg.), Marxistische und sozialistische Rechtstheorie, Frankfurt/Main 1972, S. 201—235, 203; *N. Reich*, Marxistische Rechtstheorie, Recht und Staat Heft 420/421, Tübingen 1973, S. 6.

[2] Vgl. dazu bereits oben § 4.

Im Gegensatz zu der rein positivistischen Begriffsbestimmung Vyšinskijs wird gegenwärtig — soweit ersichtlich — in allen Begriffsbestimmungen auch auf die ökonomische Grundlage des Klassenwillens Bezug genommen. Der in den Rechtsnormen ausgedrückte Wille der herrschenden Klasse ist danach kein autonomer, beliebiger Wille, sondern er hat seine Grundlage in den materiellen Existenzbedingungen, den Interessen dieser Klasse, die ihrerseits durch die gegenseitigen Beziehungen der Menschen im gesellschaftlichen Produktionsprozeß bestimmt werden.

Im folgenden ist zunächst auf die Fragwürdigkeit dieser, für jeden Rechtstyp geltenden Konzeption einzugehen. Im Anschluß daran ist zu erörtern, welche sozialen Werte der Wille der herrschenden Arbeiterklasse im sozialistischen Recht zum Ausdruck bringt, worin also die „geschichtliche Höherwertigkeit" des sozialistischen Rechts gegenüber dem bürgerlichen Recht begründet ist.[3] Überwiegend wird angeführt, daß das sozialistische Recht Werte verkörpere, wie Demokratie, Humanität, Gerechtigkeit, Freiheit der Persönlichkeit, die anderen Rechtstypen wegen ihres ausbeuterischen Charakters nicht eigen seien[4].

§ 12 Der Ausdruck von Wille und Interesse im Recht

I. Der Klassenbegriff

Die Marxsche Klassentheorie sieht das Hauptunterscheidungsmerkmal der sozialen Klassen in der unterschiedlichen Stellung der Mitglieder der Gesellschaft zu dem Eigentum an den Produktionsmitteln. Daraus resultieren unterschiedliche materielle Interessen, was auf einer bestimmten Entwicklungsstufe der Produktivkräfte naturnotwendig zum Klassenkampf führt und im Verlaufe der weltgeschichtlichen Entwicklung verschiedene Gesellschaftsformationen erzeugt, bis schließlich die Bedingungen für die Aufhebung aller Klassengegensätze geschaffen sind und die proletarische Revolution den Übergang zur klassenlosen kommunistischen Gesellschaft einleitet.[5]

---

[3] Vgl. *K. A. Mollnau*, Theoretische und methodische Fragen der Wesensbestimmung des sozialistischen Rechts, StuR 1974, S. 2054—2063, 2055.

[4] *AllThSR IV*, S. 9.

[5] Marx und Engels nehmen freilich nicht für sich in Anspruch, den Klassencharakter der Gesellschaft aufgedeckt zu haben, vgl. *K. Marx*, Brief an Joseph Weydemeyer vom 5. März 1852, MEW, Bd. 28, S. 507 f.: „Was mich nun betrifft, so gebührt mir nicht das Verdienst, weder die Existenz der Klassen in der modernen Gesellschaft noch ihren Kampf unter sich entdeckt zu haben. Bürgerliche Geschichtsschreiber hatten längst vor mir die historische Entwicklung dieses Kampfes der Klassen, und bürgerliche Ökonomen die ökonomische Anatomie derselben dargestellt. Was ich neu tat war 1. nachzuweisen, daß die Existenz der Klassen bloß an bestimmte historische Entwicklungsphasen der

Diese Theorie liefert keine Definition des Begriffs der sozialen Klasse. Marx starb bekanntlich, bevor er hierzu im dritten Band des Kapitals ausführlicher Stellung nehmen konnte. Erst Lenin hat in seinem Werk „Die große Initiative" eine differenzierte Analyse des Klassenbegriffs vorgenommen. Seine Definition wird gegenwärtig im Schrifttum der sozialistischen Staaten kritiklos übernommen und bildet die Grundlage aller Erörterungen zur materialistischen Geschichtsauffassung:[6]

„Als Klassen bezeichnet man große Menschengruppen, die sich voneinander unterscheiden nach ihrem Platz in einem geschichtlich bestimmten System der gesellschaftlichen Produktion, nach ihrem (größtenteils in Gesetzen fixierten und formulierten) Verhältnis zu den Produktionsmitteln, nach ihrer Rolle in der gesellschaftlichen Organisation der Arbeit und folglich nach der Art der Erlangung und der Größe des Anteils am gesellschaftlichen Reichtum, über den sie verfügen. Klassen sind Gruppen von Menschen, von denen die eine sich die Arbeit der anderen aneignen kann infolge der Verschiedenheit ihres Platzes in einem bestimmten System der gesellschaftlichen Wirtschaft."

1. Die Eigentumsstellung zu den Produktionsmitteln als konstitutives Merkmal des Klassenbegriffs

Nach dieser Definition unterscheiden sich soziale Klassen durch ihre ökonomische Stellung innerhalb der Gesellschaft, namentlich durch ihr unterschiedliches Verhältnis zu den Produktionsmitteln voneinander. Es ist offenkundig, daß es vielfältige soziale Unterschiede zwischen den Menschen einer bestimmten Gesellschaft gibt, die ihre Einteilung in soziale Schichtungen (Klassen) erlauben. Zweifelhaft ist indes, nach welchem Wertesystem die Zuordnung einzelner Personen zu der einen oder anderen Schicht zu erfolgen hat, um eine exakte Bestimmung der Sozialstruktur der Gesellschaft vornehmen zu können. Bis heute ist die Sozialwissenschaft in den westlichen Staaten hierzu nicht imstande. Zu verschieden sind die maßgeblichen Kriterien, nach denen eine solche Bestimmung vorgenommen werden könnte. So spielen für die soziale Stellung des einzelnen in der Gesellschaft Faktoren wie Herkunft, Beruf, Einkommen, Religion bis hin zur willentlichen Zuordnung eine gewisse Rolle, deren Bedeutung je nach den in der betreffenden Gesellschaft vorherrschenden Wertvorstellungen verschieden sein kann.[7]

Dies erkennen auch marxistische Autoren an. Sie meinen aber, daß grundlegend und bestimmend für die soziale Stellung der Individuen

---

Produktion gebunden ist; 2. daß der Klassenkampf notwendig zur Diktatur des Proletariats führt; 3. daß diese Diktatur selbst nur den Übergang zur Aufhebung aller Klassen und zu einer klassenlosen Gesellschaft bildet."

[6] *W. I. Lenin,* Die große Initiative, Werke, Berlin (Ost) 1955, Bd. 29, S. 410. Im rechtstheoretischen Schrifttum wird der Klassenbegriff vorausgesetzt.

[7] Vgl. dazu *G. A. Wetter,* Sowjetideologie heute, Dialektischer und historischer Materialismus, Bd. 1, Frankfurt/M. 1962, S. 221 f.

dennoch ihr Verhältnis zu den Produktionsmitteln sei. Damit reduziert der marxistische Klassenbegriff die Sozialstruktur einer jeden Gesellschaft letztlich auf zwei soziale Klassen, deren eine ökonomisch und politisch herrscht, da sie über das Eigentum an den Produktionsmitteln verfügt und deren andere unterdrückt und ausgebeutet wird, da ihre Mitglieder lohnabhängige Arbeit leisten müßten.[8]

Neben diesen beiden Grundklassen wird zwar die Existenz von Nebenklassen anerkannt, z. B. das Kleinbürgertum und die Bauern in der kapitalistischen Gesellschaft, deren Einordnung als herrschende oder beherrschte Klasse nicht möglich sein soll. Die Existenz dieser Nebenklassen wurde aber schon von den Klassikern darauf zurückgeführt, daß es sich hierbei um Überreste vorangegangener Gesellschaftsformationen oder Keime einer neuen Produktionsweise handele, deren Bedeutung für die bestehende Sozialstruktur der Gesellschaft gering sei.[9]

So bedeutsam die ökonomische Stellung der Individuen für ihren sozialen Status innerhalb der Gesellschaft sein mag — dies herausgestellt zu haben, ist zweifellos das Verdienst der Klassiker —, ist gegen das Marxsche Zweiklassenschema doch der Vorwurf zu erheben, seine Ergebnisse nicht aus einer fundierten empirischen Analyse der vorhandenen politischen und ökonomischen Verhältnisse einer bestimmten Gesellschaft zu beziehen, sondern der materialistischen Geschichtsauffassung als bloße Hypothese zugrunde zu legen.[10] Empirische Analysen über die Sozialstruktur der Gesellschaft standen Marx nicht ausreichend zur Verfügung. Erst die moderne Sozialforschung versucht mittels empirischer Untersuchungen Erklärungsmodelle zu erarbeiten und festzulegen, welche und wieviele soziale Schichtungen eine Gesellschaft aufweist. Die Analyse der kapitalistischen Gesellschaft läßt es zumindest fragwürdig erscheinen, ob es geschlossene soziale Klassen mit gleichgerichteten Interessen überhaupt gibt. Insbesondere die Existenz einer homogenen Arbeiterklasse — die zentrale soziale Klasse für die Überwindung der kapitalistischen Gesellschaft — ist fragwürdig geworden, seit die Automatisierung der Produktionsprozesse hochqualifizierte Arbeiter, Ingenieure und Techniker erfordert, deren materielle Interessen sehr verschieden sein können. Marx hat das Proletariat von der konkreten Situation im 19. Jahrhundert her bestimmt. Seinem Klassenbegriff liegt die Vorstellung von dem körperliche Arbeit leistenden Industriearbeiter zugrunde. Inzwischen aber unterscheidet sich die

---

[8] *MLSR*, S. 127.

[9] Diese Auffassung ist aus der Sicht der hochkapitalistischen Gesellschaft um 1870 entstanden, die durch scharfe Ausbeutung gekennzeichnet war, dazu noch sogleich.

[10] Ebenso *G. A. Wetter* (Anm. 7), S. 223.

Tätigkeit der Arbeiter kaum noch von derjenigen anderer Berufsgruppen. Dies dürfte zu einer Integration der Arbeiter in das kapitalistische System geführt haben; denn eine physische oder materielle Verelendung der Arbeiter ist durch diese Veränderungen im Charakter ihrer Tätigkeit vermieden worden.[11]

Gerade wenn — wie dies gegenwärtig im sozialistischen Schrifttum geschieht — die Arbeiterklasse nicht im Sinne der Klassiker als diejenige soziale Klasse charakterisiert wird, deren notwendiges Existenzmerkmal die schwere körperliche Arbeit ist, sondern als diejenige Klasse der Gesellschaft, welche ihren Unterhalt einzig und allein aus dem Verkauf ihrer Arbeitskraft bezieht, erweist sich die Existenz einer homogenen Arbeiterklasse als zweifelhaft. Denn die Arbeiterklasse rekrutiert sich danach aus der Summe der nichtselbständigen Arbeitnehmer einer Gesellschaft. Es ist offensichtlich, daß in Anbetracht der unterschiedlichen Berufsgruppen, Einkommensverhältnisse und des daraus resultierenden unterschiedlichen Status nicht auf eine gleichgerichtete Interessenlage dieser Personengruppe geschlossen werden kann.[12]

Marx hatte in Ansehung der durch scharfe Ausbeutung gekennzeichneten hochkapitalistischen Gesellschaft um 1870 erwartet, daß sich die Mittelschicht allmählich auflösen würde.[13] Diese Erwartung hat sich aber angesichts einer um die Jahrhundertwende beginnenden gegenteiligen Entwicklung nicht bestätigt. Das Wiedererstarken des Mittelstandes hat dazu geführt, daß das von Marx gezeichnete Bild der Klassengesellschaft nicht die typische Struktur der modernen Industriegesellschaft widerspiegelt, sondern sich als bloßes Durchgangsstadium erwiesen hat.[14] Es ist daher äußerst fragwürdig, ob der marxistische Klassenbegriff auf moderne Industriegesellschaften übertragbar ist. Zumindest ist die kritiklose Übernahme seiner Festlegungen nicht gerechtfertigt.

2. Die Herrschaftsbefugnisse sozialer Klassen

Aus dem Klassenbegriff werden Herrschaftsbefugnisse derjenigen sozialen Klasse abgeleitet, die über das Eigentum an den wichtigsten gesellschaftlichen Produktionsmitteln verfügt — der herrschenden Klasse. Als Folge ihrer ökonomischen Macht soll diese Klasse auch

---

[11] Dazu *H. Marcuse,* Der eindimensionale Mensch, Neuwied 1967, S. 44 ff.

[12] Mallet spricht daher von der Herausbildung einer neuen „Arbeiterklasse", dem Automationsarbeiter, vgl. *S. Mallet,* Die neue Arbeiterklasse, Neuwied 1972, S. 88 ff.

[13] *K. Marx / F. Engels,* Manifest der kommunistischen Partei, MEW, Bd. 4, S. 472: „Die übrigen Klassen verkommen und gehen unter mit der großen Industrie, das Proletariat ist ihr eigenstes Produkt."

[14] Dazu *G. A. Wetter* (Anm. 7), S. 223; vgl. auch *H. Schelsky,* Der Mensch in der wissenschaftlichen Zivilisation, Köln/Opladen 1961.

über die politische Macht in der Gesellschaft verfügen. Sie bedient sich des Staates und des Rechts als wichtigster Instrumente, den Produktionsprozeß zu organisieren und die Verteilung des Sozialprodukts im Sinne ihrer Interessen zu bestimmen. Daraus entstehen die in der Definition des Klassenbegriffs zum Ausdruck gebrachten Ausbeutungsverhältnisse. Auch diese Festlegungen werden im sozialistischen Schrifttum kritiklos übernommen. Eine Analyse der kapitalistischen wie der sozialistischen Gesellschaftsstrukturen wird indes die Fragwürdigkeit dieser Klassentheorie aufzeigen.[15]

a) Politische und ökonomische Herrschaft in kapitalistischen Gesellschaftssystemen

Die theoretischen Beiträge zur politischen und ökonomischen Herrschaft in kapitalistischen Gesellschaftssystemen lassen sich auf zwei gegensätzliche Positionen zurückführen.

Die sogenannten „Konflikttheoretiker",[16] zu denen die marxistisch orientierten Soziologen und Politologen zählen, vertreten die Auffassung, daß gerade demokratisch verfaßte politische Systeme vor dem Hintergrund eines Antagonismus zwischen Herrschenden und Beherrschten gesehen werden müßten. Dagegen kommen die sogenannten „Integrationstheoretiker"[17] bei der Analyse der Herrschaftsstrukturen kapitalistischer Gesellschaftssysteme zu dem Ergebnis, daß die politischen Institutionen demokratischer Systeme gewährleisten, daß vorhandene ökonomische Machtvorteile bestimmter sozialer Schichten neutralisiert werden oder jedenfalls ein Gleichgewicht zwischen konkurrierenden Machtgruppen sichern. Danach kann aus bestimmten ökonomischen Herrschaftsstrukturen nicht auf gleichgelagerte politische Machtbefugnisse geschlossen werden.[18]

---

[15] Für die kapitalistische Gesellschaft *C. Offe*, Politische Herrschaft und Klassenstrukturen, Zur Analyse spätkapitalistischer Gesellschaftssysteme, in: G. Kress / D. Senghaas (Hrsg.), Politikwissenschaft, Eine Einführung in ihre Probleme, Frankfurt/M. 1969, S. 155—189; für die sozialistische Gesellschaft *V. Petev*, Kritische Punkte der marxistischen Rechtskonzeption, Beitrag zum Weltkongreß für Rechts- und Sozialphilosophie, Basel 1979, ARSP 1982, Supplementa Vol. I, part 2, S. 441—457.

[16] Diese Terminologie wurde dem Beitrag von C. Offe entnommen, vgl. *C. Offe*, S. 155 f. Die Konflikttheoretische Auffassung wird etwa durch C. W. Mills vertreten, vgl. *C. W. Mills*, Die amerikanische Elite, dt. Ausg. von The Power Elite, Hamburg 1962.

[17] Zu den Integrationstheoretikern zählen etwa *R. Aron*, Social Class, Political Class, Ruling Class, in: R. Bendix / S. M. Lipset (Hrsg.), Class, Status and Power, 2. Aufl., New York 1966, S. 208 ff.; *S. M. Lipset*, Soziologie der Demokratie, dt. gekürzte Ausg. von: Political Man — The social Bases of Politics, Neuwied 1962.

[18] Vgl. etwa *R. Aron*, S. 208/209, zitiert bei *C. Offe* (Anm. 15), S. 156: „Es ist daher nicht der Stand der Produktivkräfte, sondern der Stand der politischen Kräfte, ... worin die Hauptursache der wechselnden Merkmale jedes Gesell-

Diese letztere Auffassung erscheint aus der Sicht spätkapitalistischer Gesellschaftssysteme plausibler. Es ist zu bedenken, daß die politische Verfassung hochkapitalistischer Gesellschaften des 19. Jahrhunderts es erlaubte, daß die ökonomischen Interessen des Bürgertums nahezu uneingeschränkt durch entsprechende politische Maßnahmen verwirklicht werden konnten. Dies war sowohl eine Folge entsprechender politischer Willensbildungsprozesse, die unter Ausschluß weiter Teile der Bevölkerung stattfanden, als auch der strikten Anerkennung staatsfreier Handlungssphären im ökonomischen Bereich durch die politischen Institutionen, was deren ungestörte Ausnutzung durch die Kapitaleigner ermöglichte.[19] Diese Faktoren waren ursächlich für die Entstehung von Ausbeutung und Klassenkampf. Aus ihrer Anschauung ist die Marxsche Klassentheorie entstanden.

Demgegenüber zeichnen sich spätkapitalistisch-demokratische Gesellschaftsstrukturen durch eine umfassende Einflußnahme politischer Institutionen auf sämtliche gesellschaftlichen Bereiche aus. Namentlich die Verfügungsbefugnisse über die Produktionsmittel sind nicht mehr ausschließlich der privaten Disposition der Kapitaleigner unterworfen. Verfassungsrechtlich oder gesetzlich institutionalisierte Einrichtungen wie das Koalitions- und Streikrecht, betriebliche und unternehmerische Mitbestimmung, Kündigungsschutz und dgl. führen dazu, daß die ökonomischen Machtbefugnisse als Anknüpfungspunkt für die Analyse der Herrschaftsstrukturen kapitalistischer Systeme an Bedeutung verlieren.

Darüber hinaus ist der politische Willensbildungsprozeß in demokratischen Systemen durch ein allgemeines Wahlrecht, Meinungs-, Vereinigungs- und Versammlungsfreiheiten so organisiert, daß alle verschiedenen Gruppierungen innerhalb der Gesellschaft die Chance haben, ihre Interessen zu vertreten und im Rahmen der pluralistischen Interessenkonkurrenz durchzusetzen. Dies geschieht in erster Linie durch die Organisierung der verschiedenen Interessen in politischen Parteien. Deren Einfluß auf die Gestaltung der gesellschaftlichen Verhältnisse hängt davon ab, wieviel Zuspruch ihnen aus dem Volke entgegengebracht wird. Das bedingt, daß die Parteien im Konkurrenzkampf um die Wählerstimmen permanent bemüht sind, sich eine Attraktivität bei möglichst breiten Schichten der Bevölkerung zu sichern. Dieser Mechanismus zwingt sie, ihre politischen Zielvorstellungen auf der Basis des kleinsten gemeinsamen Nenners derjenigen gegensätzlichen Interessengruppierungen festzulegen, die zu ihrem Wählerpotential gehören.[20]

schaftstyps besteht." Vgl. hierzu auch *U. Jaeggi*, Kapital und Arbeit in der Bundesrepublik (Neue Ausgabe von ‚Macht und Herrschaft in der BRD'), Frankfurt/M. 1969, S. 28.

[19] Vgl. *C. Offe*, S. 161.

[20] Hierzu *J. A. Schumpeter*, Kapitalismus, Sozialismus und Demokratie, 5. Aufl., München 1980, S. 427 ff.; *C. Offe*, S. 166.

Sonderinteressen, die zu der öffentlichen Meinung im Widerspruch stehen, sind daher unter den Bedingungen demokratischer Herrschaftsstrukturen ausgesprochen schwierig politisch durchsetzbar. Hierin mag ein Mangel des demokratischen Systems liegen. Es macht aber deutlich, daß die Schlußfolgerungen marxistischer Autoren, wonach stets die Minderheit der Kapitaleigner die politische Herrschaft in kapitalistischen Systemen ausübe, unhaltbar ist. Dies gilt um so mehr als eine zunehmende Konzentration auf dem Markt festzustellen ist,[21] was dazu führt, daß die Interessen der Kapitaleigner zunehmend zu Sonderinteressen absinken.

b) Politische und ökonomische Herrschaft in sozialistischen Gesellschaftssystemen

Die Arbeiterklasse ist in den sozialistischen Staaten nicht durch eine sie von anderen sozialen Klassen unterscheidbare Eigentumsstellung zu den Produktionsmitteln gekennzeichnet. Von einer ökonomischen Herrschaft dieser sozialen Klasse in sozialistischen Gesellschaftssystemen zu sprechen, ist daher nicht zutreffend. Die Ersetzung des Privateigentums durch das „gesellschaftliche" Eigentum (Staatseigentum)[22] brachte keine entsprechenden Verfügungs- oder Organisationsbefugnisse der Arbeiterklasse hervor. Als Träger des „gesellschaftlichen" Eigentums gelten der Staat und das gesamte Volk, wobei dies in rechtlicher Hinsicht letztlich der Staat „als politische Organisation der Werktätigen in Stadt und Land" ist.[23] Die Arbeiterklasse geht in diesem „Gesamtsubjekt"[24] wie die anderen sozialen Klassen auf, ohne daß ihr in den Rechtsordnungen der sozialistischen Staaten eine Sonderstellung eingeräumt worden wäre.

Der Staat übt die Verfügungs- und Organisationsbefugnisse über das „gesellschaftliche" Eigentum durch seine Wirtschaftsverwaltungsorgane aus. Entsprechend dem für jegliche staatliche Tätigkeit verfassungsrechtlich verankerten Organisationsprinzip des demokratischen Zentralismus[25] erfolgt die Leitung der Betriebe durch Direktoren nach dem

---

[21] Zur Konzentration auf dem Markt in der Bundesrepublik *U. Jaeggi* (Anm. 18), S. 70 ff. m. w. N.

[22] In den sozialistischen Staaten wird zwischen mehreren Eigentumsformen unterschieden: dem sozialistischen, dem persönlichen und dem privaten Eigentum. Innerhalb der Kategorie des sozialistischen Eigentums ist zwischen dem gesamtgesellschaftlichen Volkseigentum, dem genossenschaftlichen Gemeineigentum und dem Eigentum der gesellschaftlichen Organisationen der Bürger zu unterscheiden. Die wichtigste Kategorie ist das gesamtgesellschaftliche Volkseigentum.

[23] Vgl. Art. 1 Abs. 1 der Verfassung der DDR.

[24] So *V. Petev* (Anm. 15), S. 448. Dort auch zu den Besonderheiten des jugoslawischen Systems.

[25] Vgl. Art. 47 Abs. 2 Verfassung der DDR: „Die Souveränität des werk-

Prinzip der Einzelleitung, die ihre Tätigkeit auf der Grundlage für sie verbindlicher Produktionspläne bzw. gesetzlich vorgeschriebener Formen der Verwendung der betrieblichen Fonds ausüben.[26] Die Mitwirkungsbefugnisse breiterer Schichten der Bevölkerung, an den sich auf die innerbetriebliche Organisation des Arbeitsprozesses oder die Verfügung über die Arbeitsergebnisse beziehenden Entscheidungen, sind durch dieses Prinzip sehr beschränkt.

Der demokratische Zentralismus wurde als Organisationsmethode der kommunistischen Partei erstmals im Jahre 1905 durch Lenin eingeführt, um die bis dahin autoritären Strukturen der Parteiführung aufzubrechen und eine engere Verbindung der Führung zur Parteibasis herzustellen. Seine Übertragung auf den Staat, gesellschaftliche Organisationen und Betriebe führte jedoch dazu, daß die zentralistische Komponente die demokratische zunehmend überwog.

Zwar werden den Bürgern in den Verfassungen der sozialistischen Staaten umfassende Mitwirkungsrechte eingeräumt.[27] Deren einfachgesetzliche Ausgestaltung beschränkt sie aber zumeist auf die Phase der Entscheidungsvorbereitung. Die eigentliche Leitungsverantwortlichkeit verbleibt ausschließlich bei den hierfür zuständigen Organen. Zweifellos vermögen auch derartige Mitwirkungsrechte Anregungen und Initiativen auszulösen, die von den Leitungsorganen aufgenommen werden. Inwieweit dabei aber kritische Beiträge oder vernachlässigte — partikuläre — Interessen in den Entscheidungen berücksichtigt werden, wird durch die Willkür der Leitungsorgane und die ihnen vorgegebenen Pläne, Parteibeschlüsse und Gesetze bestimmt. Es ist augenfällig, daß die den Arbeitnehmern in westlich-demokratischen Staaten eingeräumten Mitwirkungsbefugnisse in bezug auf die Organisation des Arbeitsprozesses und die Verfügung über die Arbeitsergebnisse gegenwärtig ein sehr viel größeres Ausmaß haben als in den sozialistischen Staaten.[28]

Auch von einer politischen Herrschaft der Arbeiterklasse in sozialistischen Gesellschaftssystemen kann kaum gesprochen werden. Zwar verstehen sich die kommunistischen Parteien als Repräsentanten der Arbeiterklasse. Tatsächlich ist der Einfluß ihrer Mitglieder auf den Partei- und somit letztlich auch auf den Staatswillen aber verhältnis-

---

tätigen Volkes, verwirklicht auf der Grundlage des demokratischen Zentralismus, ist das tragende Prinzip des Staatsaufbaus."

[26] Vgl. Verordnung über die Aufgaben, Rechte und Pflichten der volkseigenen Betriebe, Kombinate und VVB vom 28. 3. 1973 (Gesetzblatt der DDR Bd. 1, S. 129).

[27] Vgl. Art. 21 der Verfassung der DDR.

[28] Ebenso *V. Petev* (Anm. 15), S. 449, wonach das Verhältnis von Kapital und Arbeit durch die Gesetzgebung zur betrieblichen Mitbestimmung eine neue, von der marxistischen Theorie nicht erkannte Dimension erlangt hat.

mäßig gering.[29] Dies ist eine Folge der innerparteilichen Ordnung — dem vorerwähnten demokratischen Zentralismus. Er verlangt eine strikte Parteidisziplin und straffe Führung, was die unbedingte Verbindlichkeit der Beschlüsse der Parteispitze für die unteren Organe mit sich bringt.[30]

Die leitenden Exekutivorgane der kommunistischen Parteien rekrutieren sich zwar aus „Wahlen" ihrer Mitglieder bzw. Vertretungskörperschaften. Diese „Wahlen" ermöglichen aber nicht — entsprechend einem westlich-demokratischen Verständnis — eine Auswahl zwischen mehreren Kandidaten, sondern lediglich die Annahme oder Ablehnung derjenigen Kandidaten, die von den höheren Parteiorganen für bestimmte Aufgaben vorgesehen sind.[31] Die Parteimitglieder haben nicht das Recht, selbst Kandidaten zu nominieren.

Entsprechend verläuft der Willensbildungsprozeß in Partei, Staat und Verbänden stets von oben nach unten. Statt von der politischen Herrschaft der Arbeiterklasse zu sprechen, erscheint es daher sachgerechter, die Herrschaftsstrukturen in den sozialistischen Staaten als Herrschaft einer privilegierten Funktionärsklasse zu charakterisieren.

II. Klassenbewußtsein und Klassenwille

Die verschiedenen sozialen Klassen einer Gesellschaft zeichnen sich nach den Lehren der Klassiker durch ein ihren materiellen Lebensbedingungen entsprechendes Klassenbewußtsein aus.[32] Die Bewußtseinsinhalte der herrschenden sozialen Klasse treten in einer Gesellschaft als die herrschende Ideologie auf, die mit dem Anspruch auf absolute Verbindlichkeit für alle sozialen Klassen ausgestattet ist.

Als eine besondere Form des Klassenbewußtseins drückt das Rechtsbewußtsein die Anschauungen, Vorstellungen, Überzeugungen, Stimmungen und Gefühle der jeweils herrschenden Klasse hinsichtlich der

[29] Zur Identität von Partei- und Staatswille vgl. bereits oben § 8 IV. Zur Struktur des Staatsapparates in der DDR *R. Schwarzenbach*, Die Kaderpolitik der SED in der Staatsverwaltung, Köln 1976.

[30] Zur innerparteilichen Ordnung in der KPdSU *K. Westen*, Die kommunistische Partei der Sowjetunion und der Sowjetstaat, Eine verfassungsrechtliche Untersuchung, Köln 1968, S. 246 ff.; in der SED *E. Förtsch*, Die SED, Stuttgart 1969, S. 46 ff.; *G. Brunner*, Einführung in das Recht der DDR, 2. Aufl., München 1979, S. 48 ff. m. w. N.

[31] Hierzu *K. Westen*, S. 250; *E.-W. Böckenförde*, Die Rechtsauffassung im kommunistischen Staat, München 1967, S. 55 ff.

[32] *K. Marx / F. Engels*, Die deutsche Ideologie, MEW, Bd. 3, S. 46: „Die Gedanken der herrschenden Klasse sind in jeder Epoche die herrschenden Gedanken ... Die herrschenden Gedanken sind weiter Nichts als der ideelle Ausdruck der herrschenden materiellen Verhältnisse; also der Verhältnisse, die eben die eine Klasse zur herrschenden machen, also die Gedanken ihrer Herrschaft."

inhaltlichen Ausgestaltung der Rechtsordnung aus.[33] Das Rechtsbewußtsein ist nach der marxistischen Lehre „eine unabdingbare ideologische Grundlage und zugleich unentbehrliches, durch nichts zu ersetzendes Vermittlungsglied der Normenbildung".[34]

Als aktive Seite des Rechtsbewußtseins bildet sich der Wille der herrschenden Klasse, bestimmte soziale Vorgänge einer rechtlichen Regelung zuzuführen. Dieser, durch die materiellen Lebensbedingungen — die Interessen — der herrschenden sozialen Klasse determinierte Klassenwille findet, mittels der staatlichen Rechtsetzungsinstanzen, seinen Ausdruck in den Rechtsnormen.

1. Die Konzeption eines oktroyierten Rechtsbewußtseins

Die marxistische Konzeption von dem Rechtsbewußtsein der herrschenden Klasse als notwendigem „Vermittlungsglied der Normenbildung" beruht im Ergebnis auf der Annahme, daß das einzelne Individuum nicht in der Lage ist, seine materiellen Interessen selbst zu bewerten und ein entsprechendes Bewußtsein zu bilden.

Hieraus erklärt sich der Anspruch der kommunistischen Parteien, ein Rechtsbewußtsein zu postulieren und dieses mit erzieherischen und propagandistischen Mitteln in das Bewußtsein der einzelnen Mitglieder der Gesellschaft als das ihren objektiven Lebensbedingungen entsprechende Bewußtsein hineinzutragen. In der sozialistischen rechtstheoretischen Literatur wird zur Untermauerung dieses Anspruches zwischen dem individuellen und dem gesellschaftlichen Rechtsbewußtsein unterschieden.[35] Das Rechtsbewußtsein des einzelnen Individuums — das individuelle Rechtsbewußtsein — kann danach nicht die „ganze Kompliziertheit und Vielfalt des gesellschaftlichen Seins erfassen".[36] Das bedeutet, daß das individuelle Rechtsbewußtsein verfehlte Einstellungen und fehlerhafte Wertungen regelungsbedürftiger Erscheinungen enthalten kann. Für die Rechtsetzung verbindlich ist daher nur das gesellschaftliche Rechtsbewußtsein; denn dieses soll alle Strukturelemente der gesellschaftlichen Verhältnisse vollständig widerspiegeln.

Die inhaltliche Ausgestaltung der Rechtsnormen erfolgt demnach nicht aus einem Kompromiß dessen, was die einzelnen Individuen für regelungsbedürftig halten — was einem demokratischen Verständnis entsprechen würde —, sondern danach, was die Mitglieder der herrschenden Klasse — unter Zugrundelegung der zweifelhaften These von der

---

[33] *AllThSR IV*, S. 109.

[34] Vgl. *K. A. Mollnau* (Hrsg.), Probleme einer Rechtsbildungstheorie, Berlin (Ost) 1982, S. 37.

[35] *AllThSR IV*, S. 117 ff.; *AllThSR I*, S. 265 f.

[36] *AllThSR IV*, S. 118.

gleichgerichteten Interessenlage — für regelungsbedürftig halten würden, wenn ihr Rechtsbewußtsein die gesellschaftlichen Verhältnisse vollständig widerspiegeln würde.[37]

Der Inhalt des gesellschaftlichen Rechtsbewußtseins wird von der kommunistischen Partei als der allein zur richtigen Erkenntnis der gesellschaftlichen Verhältnisse berufenen politischen Organisation für alle Mitglieder der Gesellschaft verbindlich festgelegt.[38] Zur Legitimation dieses Führungsanspruchs der kommunistischen Partei kann sich die Sozialphilosophie in den sozialistischen Staaten allerdings nicht auf die Klassiker berufen. Zwar erkannten Marx und Engels grundsätzlich an, daß das Proletariat nur dann als Klasse auftreten könne, wenn es sich selbst zu einer politischen Partei zusammenschließe.[39] Anders als die gegenwärtig in den sozialistischen Staaten vertretene Auffassung von der innerparteilichen Disziplin und der Leitungskompetenz einer Parteielite sollte sich die kommunistische Partei nach Marx und Engels aber als politische Organisation der gesamten Arbeiterklasse konstituieren.[40] Erst Lenin vertrat im Gegensatz zu den Klassikern die Auffassung, daß die proletarische Revolution ohne eine stabile, sich aus Berufsrevolutionären zusammensetzenden Elitepartei nicht zu bewerkstelligen sei. Denn das Proletariat sei von sich aus lediglich zur Herausbildung einer „gewerkschaftlichen Denkweise“[41] fähig, nicht aber zu einem politischen Klassenbewußtsein.

---

[37] Vgl. *D. A. Kerimov*, Philosophische Probleme des Rechts, Berlin (Ost) 1977, S. 105; *MLSR*, S. 103: „Der im Recht zum Ausdruck kommende Klassenwille ist durch gemeinschaftliche Interessen der Klasse bedingter Wille. Das im Recht ausgedrückte Wollen der herrschenden Klasse hat das Wissen dieser Klasse um ihre Klasseninteressen, ihre materiellen Existenzbedingungen, ihre historischen Aufgaben und Ziele zur Grundlage. Ob dieses Wissen die Wirklichkeit wahr oder falsch widerspiegelt, hängt wiederum entscheidend von konkreten sozialen Faktoren, von der geschichtlichen Stellung der Klasse ab.“

[38] *MLSR*, S. 103: „Die objektiv bedingten Interessen der herrschenden Klasse werden von ihren Ideologen formuliert. Die Erkenntnis der Interessen erfaßt nach und nach alle Vertreter der Klasse und führt zu einer entsprechenden Willensbildung. Dabei ist bei der Herausbildung des Klassenwillens der Hinweis Lenins wichtig, daß der Wille der Klasse, der Wille von einigen Hunderttausend und Millionen Menschen nur festgestellt und bestimmt werden kann, wenn die Klasse ihre Organisation hat.“ Allerdings sollen erst unter den Bedingungen der sozialistischen Gesellschaft die kommunistischen Parteien in der Lage sein, die Gesetzmäßigkeiten der gesellschaftlichen Entwicklung zu erkennen, vgl. hierzu *K. A. Mollnau* (Anm. 34), S. 31 ff.

[39] Vgl. die Nachweise bei *W. Leonhard*, Sowjetideologie heute, Bd. 2, Die politischen Lehren, Frankfurt/M. 1962, S. 34 f.; *B. D. Wolfe*, Marx und die Marxisten, 100 Jahre Theorie und Praxis einer Doktrin, Frankfurt/M. 1968, S. 176 ff.

[40] *F. Engels*, Die preußische Militärfrage und die deutsche Arbeiterpartei, MEW, Bd. 16, S. 68 f.; vgl. auch die Nachweise bei *W. Leonhard*, S. 34 f.

[41] Auch gegenwärtig werden die kommunistischen Parteien nicht als freiwilliger Zusammenschluß der Arbeiterklasse zur Vertretung ihrer Interessen verstanden, sondern ganz im Sinne Lenins als „bewußte Vorhut der Arbeiter-

Diese Auffassung steht im Grunde zu der materialistischen Konzeption der Klassiker, wonach stets das Bewußtsein durch das Sein bestimmt wird, im Widerspruch. Denn wenn die Arbeiterklasse nicht imstande ist, selbst ein — ihren materiellen Lebensbedingungen entsprechendes — revolutionäres Klassenbewußtsein zu entwickeln, sondern wenn dieses erst durch propagandistische und erzieherische Maßnahmen an die Mitglieder dieser Klasse durch die kommunistische Partei herangetragen werden soll, so wird das Bewußtsein der Arbeiterklasse letztlich nicht durch deren materielles Sein — die Basis — bestimmt, sondern durch die Parteipropaganda.

In der gesellschaftlichen Wirklichkeit der sozialistischen Staaten hat sich die theoretische Konzeption eines oktroyierten Klassenbewußtseins als konfliktreiches Prinzip erwiesen. Auf Parteikongressen und in den Medien wird oftmals beklagt, daß das Bewußtsein der Arbeiterklasse — etwa hinsichtlich des Erfordernisses einer höheren Arbeitsproduktivität — hinter den Erwartungen der politischen Führung zurückbleibe. Um innenpolitische Konflikte zu vermeiden, wird daher versucht, die individuellen Interessen der Arbeiter mit den postulierten gesellschaftlichen Interessen durch gezielte Maßnahmen in Übereinstimmung zu bringen.[42] Zur Steigerung der Arbeitsmoral geschieht dies etwa durch eine nach Leistungskriterien gestaffelte Lohnpyramide.

Auf dem VIII. Parteitag der SED wurde mit den sogenannten „Hauptaufgaben“ festgelegt, daß die individuellen materiellen Bedürfnisse der Menschen bei der Gestaltung der sozialen Verhältnisse eine größere Berücksichtigung finden sollten.[43] Das läßt den Schluß zu, daß es von den Leitungsorganen der sozialistischen Staaten nicht für ausgeschlossen gehalten wird, daß gegensätzliche Interessen in der sozialistischen Gesellschaft bestehen, deren Verwirklichung nur durch eine Interessenabwägung erfolgen kann. Die Bewertung der unterschiedlichen Interessen nimmt aber stets die kommunistische Partei vor. Daß die einzelnen Individuen als Vertreter ihrer Interessen jeweils verschiedene politische Organisationen ansehen können, wird nicht anerkannt.[44]

---

klasse“, vgl. Wissenschaftlicher Kommunismus, Lehrbuch für das marxistisch-leninistische Grundlagenstudium, Berlin (Ost) 1982, S. 56 f.; vgl. auch *H. Herles*, Lenin und seine Erben. Ein Publik-Gespräch mit G. A. Wetter, Rom, in: Publik, Frankfurt/M. 1970, H. 17, S. 15.

[42] Vgl. hierzu *S. Mampel*, Die Funktion des Rechts bei der Bewältigung von Interessengegensätzen, ROW 1975, S. 257—270, 259 ff.; *K. Pleyer*, Das Interesse im Wirtschaftsrecht der DDR, Festschrift für Rudolf Reinhard, Köln 1972, S. 291—300.

[43] Vgl. die Nachweise bei *S. Mampel*, S. 261; sowie *G. Udke*, Aktuelle Probleme der Entwicklung des sozialistischen Rechtsbewußtseins und seiner weiteren Erforschung, StuR 1981, S. 324—333, 325.

[44] Hierzu *V. Petev* (Anm. 15), S. 450.

2. *Objektive Bedingtheit des Rechts*

Es ist ohne jeden Zweifel als Verdienst der Klassiker anzusehen, herausgestellt zu haben, daß der Inhalt rechtlicher Regelungen in hohem Maße durch ökonomische Bedingungen mitbestimmt wird. Auch in der nicht-marxistischen Literatur hat das Verhältnis von Recht und Ökonomik eine umfassende Würdigung erfahren.[45]

Während Marx dieses Verhältnis aber als einseitige Determination des Rechts durch die Ökonomik ansah, wird im Gegensatz dazu im sozialistischen Schrifttum seit der Stalinisierung die Auffassung vertreten, daß das Verhältnis von Recht und Ökonomik im Sinne der späten Äußerungen Engels' als „Wechselverhältnis" interpretiert werden müsse. Bezogen auf den umfassenden Rahmen der marxistischen Politökonomie bedeutet dies die Annahme einer möglichen „Rückwirkung" des Überbaus auf die Basis.[46] Diese Veränderungen in der Basis-Überbau-Lehre dienten unter den Bedingungen der Oktoberrevolution als Rechtfertigung für die Durchführung einer proletarischen Revolution in einem Lande, dessen gesellschaftlicher Entwicklungsstand nach der marxistischen Lehre für die Revolution noch nicht „reif" war.[47] In bezug auf den Inhalt rechtlicher Regelungen bedeuten diese Veränderungen, daß die ökonomischen Vorgegebenheiten den Gesetzgeber bei der Gestaltung des Rechts nicht absolut an bestimmte Entscheidungen binden, sondern daß er die Möglichkeit hat, ebenso wie alle gesellschaftlich Handelnden, zwischen verschiedenen Entscheidungsvarianten hinsichtlich der Gestaltung der ökonomischen Verhältnisse vermittels des Rechts zu wählen.[48] Diese Wahlmöglichkeit wirkt ihrerseits auf die Gestalt der ökonomischen Verhältnisse zurück. Die Grenzen für mögliche gesetzgeberische Entscheidungen sollen allerdings immer im Rahmen des einer sozialökonomischen Formation entsprechenden gegebenen Rechtstyps liegen. Das bedeutet, daß keine der möglichen Entscheidungsvarianten die dem Rechtstyp zugrunde liegenden gesellschaftlichen Verhältnisse, namentlich die Eigentumsverhältnisse, grund-

---

[45] Zumeist ist dies in Auseinandersetzungen mit dem Marxismus geschehen, vgl. etwa *R. Stammler*, Wirtschaft und Recht nach der materialistischen Geschichtsauffassung, Berlin 1924; *E. Ehrlich*, Grundlegung der Soziologie des Rechts, Berlin 1967, S. 172.

[46] Vgl. *AllThSR I*, S. 308 ff.; *P.-B. Schulz*, Zur Dialektik von Basis und Überbau — ihre Bedeutung für die weltanschauliche Orientierung der Staats- und Rechtspraxis, NJ 1970, S. 2—9, 3.

[47] Vgl. *R. Lorenz*, Anfänge der bolschewistischen Industriepolitik, Köln 1965, S. 54 ff.

[48] *K. A. Mollnau*, Sozialökonomische Determiniertheit des Rechts und gesetzgeberische Entscheidung im Rechtsbildungsprozeß, in: Beiträge der DDR Sektion zum IVR Weltkongreß, Basel 1979, S. 70—76, 71 f.; *AllThSR I*, S. 308 ff.; *W. Grahn*, Recht als eine besondere Widerspiegelung der Gesellschaft, StuR 1982, S. 159—169.

legend verändern kann.[49] In letzter Instanz sollen daher trotz einer aktiv-schöpferischen Rolle des Rechts die ökonomischen Verhältnisse für den Inhalt rechtlicher Regelungen bestimmend bleiben.

Diese Konzeption einer möglichen „Wechselwirkung" zwischen Recht und Ökonomik ist in mehrfacher Hinsicht fragwürdig. Die Annahme einer aktiven Gestaltung der gesellschaftlichen Verhältnisse durch das Recht ist zwar zutreffend, stellt aber einen unauflöslichen Widerspruch zu den sonstigen Aussagen des historischen Materialismus dar. Eine „materialistische" Geschichts- und Sozialtheorie ist auf dieser Grundlage nicht möglich.[50] Die Basis-Überbau-Lehre müßte dahingehend modifiziert werden, daß statt der ökonomischen Verhältnisse die Politik als die Basis Staat, Recht und Ökonomik determiniert.[51] Denn alles Recht schöpft seinen Geltungsgrund aus der Politik der kommunistischen Partei. Hieraus folgt der Instrumentalcharakter des Rechts als Mittel zur Umgestaltung der sozialen Verhältnisse im Hinblick auf die Errichtung der kommunistischen Gesellschaft.[52]

Auch die Annahme, daß das Recht trotz der bestehenden „Wechselwirkung" in letzter Instanz durch die Ökonomik bestimmt werde, ist zweifelhaft. Immerhin bedingen eine Vielzahl ideeller und materieller Faktoren den Inhalt rechtlicher Regelungen. Aber selbst wenn man die Ökonomik gegenüber den anderen Faktoren höher veranschlagen wollte, so ist doch zu berücksichtigen, daß die Ökonomik selbst durch ideelle Faktoren bedingt ist. Denn die Produktionsweise ist nicht das Ergebnis vom menschlichen Willen unabhängiger Beziehungen zwischen den Produktivkräften und den Produktionsverhältnissen, sondern die Menschen bringen erst durch autonome Geistes- und Willensakte diejenigen Produktivkräfte hervor, die ihrerseits zu bestimmten Produktionsverhältnissen in Beziehung treten.[53] Darüber hinaus ist vom sozialistischen Standpunkt der Erkenntnismöglichkeit der ökonomischen Gesetzmäßigkeiten die Möglichkeit anzuerkennen, daß gesetzgeberische Entscheidungen bewußt im Widerspruch zu den objektiven Notwendigkeiten getroffen werden. Denn der Klassenwille wird nur durch subjektive — willentliche — Entscheidungen der staatlichen Rechtsetzungsorgane in allgemeinverbindliche Normen umgesetzt. Die darin bestehende Gefahr eines Voluntarismus wird im sozialistischen Schrifttum zwar er-

---

[49] *K. A. Mollnau*, S. 71.

[50] Wie hier *R. Zippelius*, Gesellschaft und Recht, Grundbegriffe der Rechts- und Staatssoziologie, München 1980, S. 131.

[51] Vgl. *N. Reich*, Recht und Politik im sowjetischen Sozialismus, ZRP 1970, S. 278—284.

[52] Zur Kritik dieser Auffassung *E. W. Böckenförde* (Anm. 31), S. 85, 36 f.; *G. Brunner*, Die Methode des Ostrechts im Widerstreit von Recht und Politik, OER 1975, S. 89—102, 94 f.

[53] Ausführlich zum geistesbestimmten Charakter der Produktionsweise *G. A. Wetter* (Anm. 7), S. 191.

kannt, die Möglichkeit, die Gesetzmäßigkeiten der gesellschaftlichen Entwicklung durch bewußtes Handeln außer Kraft zu setzen, jedoch bestritten.[54] Es wird die Auffassung vertreten, daß sich die ökonomischen Gesetzmäßigkeiten sogar gegen den Willen der Menschen durchsetzen, selbst wenn ihnen nicht oder nur ungenügend entsprochen wird.[55] Ein Grund hierfür ist aber nicht ersichtlich. Gerade in der sozialistischen Gesellschaft haben diejenigen Leitungsorgane, die über die Entscheidungsgewalt für gesetzgeberische Maßnahmen verfügen, die Möglichkeit, partikuläre Interessen durchzusetzen, auch wenn dies nach dem Stand der gesellschaftlichen Verhältnisse nicht gerechtfertigt ist.

III. Die Konzeption eines „Rechts des ganzen Volkes"

Im Programm des XXII. Parteitages der KPdSU wurde der Staat des gesamten Volkes als die in der Sowjetgesellschaft verwirklichte Staatsform proklamiert.[56] Der fortgeschrittenen Entwicklung dieser politischen Organisation, gegenüber der Diktatur des Proletariats, entspreche eine höhere Entwicklungsstufe innerhalb des sozialistischen Rechtstyps. Das Recht sei nicht mehr Ausdruck des Willens einer herrschenden sozialen Klasse, sondern des ganzen Volkes. Diese Veränderungen im Klassencharakter des Rechts seien eine gesetzmäßige Folge des in der „entwickelten sozialistischen Gesellschaft" auf politischem, ökonomischem und sozialem Gebiet erreichten Zustandes. Er schließe das Fortbestehen sozialer Antagonismen aus. Die sogenannten Ausbeuterklassen seien in dieser Phase bereits vollständig liquidiert. Es gebe zwar noch Klassenunterschiede, aber keine Klassengegensätze mehr. Das Recht verliere daher seine ursprüngliche Funktion als Instrument der Klassenherrschaft.[57] Entsprechend dieser Entwicklung sollen sich die Menschen durch ein „reifes sozialistisches Bewußtsein"[58] auszeichnen, das eine zunehmende Überzeugung in die moralische Autorität der Rechtsnormen bewirke.

Die Richtigkeit dieser theoretischen Festlegungen ist — ungeachtet ihres Widerspruchs zu den sozialen Realitäten in der Sowjetunion — zweifelhaft.

---

[54] Vgl. *E. Hahn*, Objektive Gesetzmäßigkeit und bewußtes Handeln im Sozialismus, in: Objektive Gesetzmäßigkeit und bewußtes Handeln in der sozialistischen Gesellschaft, Materialien des IV. Philosophie-Kongresses der DDR, Berlin (Ost) 1974, S. 15—49, 41; sowie die Nachweise bei *V. Petev*, Rezension zu: V. P. Skredov, Ökonomie und Recht. Über die Prinzipien der Erforschung der Produktionsverhältnisse im Zusammenhang mit ihrer rechtlichen Ausdrucksform, Moskau 1967 (russ.), Rechtstheorie 1972, S. 104—110, 107.

[55] Vgl. *E. Hahn*, S. 41.

[56] Vgl. hierzu bereits oben § 4.

[57] *MLSR*, S. 386; *G. J. Glesermann*, Der historische Materialismus und die Entwicklung der sozialistischen Gesellschaft, Berlin (Ost) 1973, S. 147 ff.

[58] *AllThSR IV*, S. 58.

Die Unterschiede in der Klassenstruktur der Gesellschaft in den beiden Phasen der sozialistischen Gesellschaftsentwicklung bleiben im rechtstheoretischen Schrifttum unklar. In beiden Phasen soll sich die sozialistische Gesellschaft dadurch auszeichnen, daß jegliche ökonomische Ausbeutung und politische Unterdrückung aufgrund der veränderten Eigentumsverhältnisse entfällt und die bestehenden Klassenunterschiede infolgedessen keinen antagonistischen Charakter mehr tragen.[59]

Darüber hinaus ist die Annahme, daß in der „entwickelten sozialistischen Gesellschaft" keine antagonistischen Klassengegensätze mehr bestehen, unbegründet, da nicht alle Schichten der Gesellschaft ihre materiellen Bedürfnisse befriedigt sehen. Solange nicht Güter im Überfluß produziert werden, muß die kommunistische Partei bei der Verteilung der Güter einzelne materielle Interessen bevorzugen, was notwendig zu Konstellationen führt, in denen die Interessen anderer sozialer Gruppen unbefriedigt bleiben.[60] Insofern herrscht auch in der Sowjetgesellschaft eine Gegensätzlichkeit materieller Interessen. Das Recht behält daher seine Funktion als Verteilungs- und Ordnungsinstrument nach Maßgabe des Parteiwillens. Es ist nicht der Ausdruck des von allen Bevölkerungsschichten getragenen ‚Volkswillens'.

§ 13 Der Ausdruck moralischer (sozialer) Werte im Recht

I. Der Klassencharakter moralischer Werte

Die Interessenjurisprudenz betrachtet die innerhalb einer Gesellschaft bestehenden moralischen Werte als gegenüber den materiellen Interessen autonome Erscheinungen, die von sich aus Anforderungen an den Gesetzgeber und den Rechtsanwender stellen. Die moralischen Werte dienen als Maßstab für die Bewertung der unterschiedlichen Interessen und somit der Beantwortung der Frage, ob vorhandene materielle Interessen bei der Gestaltung der Rechtsordnung Berücksichtigung finden sollen.[61]

In anderer Weise stellt sich das Verhältnis dieser beiden Kategorien vom Standpunkt der sozialistischen Rechtstheorie aus dar. Da nur die Interessen der Herrschenden sozialen Klasse für gesetzgeberische Entscheidungen relevant sind, bedarf es keiner Bewertung sich gegenüberstehender widerstreitender Interessen durch ein Wertesystem. Die Bedeutung sozialer Werte für das Recht besteht danach darin, daß das

[59] Hierzu ausf. *V. Petev* (Anm. 15), S. 451 ff.

[60] Vgl. *V. Petev,* S. 452.

[61] Vgl. *H. Henkel,* Einführung in die Rechtsphilosophie, 2. Aufl., München 1977, S. 319 ff. m. w. N.

herrschende Klasseninteresse bestimmte — durch den Stand der ökonomischen Entwicklung bedingte — Werte aufweist. Als solche Werte werden für das sozialistische Recht insbesondere die Verwirklichung von Demokratie, Gerechtigkeit, Gleichheit, Humanität und Freiheit der Persönlichkeit genannt.[62] Dies sind nach der sozialistischen Theorie die höchsten sozialen Werte überhaupt. Ihre vollständige Verwirklichung bleibe der sozialistischen bzw. kommunistischen Gesellschaft vorbehalten.[63] Der sozialistischen Wertelehre liegt damit die Auffassung von der Existenz absoluter, überzeitlicher sozialer Werte zugrunde. Von ihrem Ansatz aus gilt als oberster sittlicher Wert der gesamten Sozialordnung die Errichtung der kommunistischen Gesellschaft. Alles was diesem Ziel nützt, ist gut, alles was ihm schadet, ist schlecht.[64]

Allerdings wird diese Auffassung im sozialistischen Schrifttum nicht ausdrücklich vertreten.[65] Der Grund dafür liegt in der Annahme des Klassencharakters sämtlicher Überbauerscheinungen, also auch der herrschenden Moral. Der Inhalt der in einer Gesellschaft vorherrschenden Moralvorstellungen ändert sich danach entsprechend der Veränderung der gesellschaftlichen Verhältnisse. Ein bestimmtes Verhalten kann vom bürgerlichen oder sozialistischen Standpunkt aus als unterschiedlich „wertvoll" angesehen werden. Das Wertebewußtsein ist daher sozial determiniert. Die sozialistische Theorie schließt daraus aber nicht, — was der Klassentheorie eher entsprechen würde — daß absolute Werte nicht existent oder jedenfalls nicht erkennbar sind. Denn wenn das Wertebewußtsein sozial determiniert ist, kann niemand die Feststellung treffen, ob ein bestimmtes Verhalten objektiv gut oder böse ist. Dies soll aber möglich sein, da das Wertebewußtsein in der sozialistischen Gesellschaft die „höchsten" Werte überhaupt verkörpern soll.[66]

---

[62] Vgl. *G. Haney*, Werte der Arbeiterklasse und sozialistisches Recht, NJ 1976, S. 602—607, 603; *AllThSR IV*, S. 9: „Das Wesen des sozialistischen Rechts wird dadurch bestimmt, daß es die Ideale und Vorstellungen der werktätigen Klassen von Gesetzlichkeit, Gerechtigkeit und Humanität verkörpert."

[63] Diese Auffassung kommt in einer Vielzahl von Formulierungen zum Ausdruck, vgl. nur *AllThSR IV*, S. 136, 79, 39.

[64] Diesen Schluß ziehen auch *H. Ryffel*, Grundprobleme der Rechts- und Staatsphilosophie, Philosophische Antropologie des Politischen, Neuwied 1969, S. 262 ff.; *G. A. Wetter* (Anm. 7), S. 270.

[65] Ausdrücklich findet sich diese Auffassung in den Werken Lenins, vgl. *W. I. Lenin*, Die Aufgaben der Jugendverbände, Werke, Bd. 31, S. 281: „Jede solche Sittlichkeit, die von einem übernatürlichen, klassenlosen Begriff abgeleitet wird, lehnen wir ab. Wir sagen, daß das ein Betrug ist, daß das ein Schwindel ist, um die Hirne der Arbeiter und Bauern im Interesse der Gutsbesitzer und Kapitalisten zu verkleistern. Wir sagen, daß unsere Sittlichkeit völlig den Interessen des proletarischen Klassenkampfes untergeordnet ist. Unsere Sittlichkeit ist von den Interessen des proletarischen Klassenkampfes abgeleitet."

[66] Zur Kritik dieser Auffassung auch *G. A. Wetter* (Anm. 7), S. 270.

Die darin liegende Mißachtung des Klassencharakters sozialer Werte kommt auch dadurch zum Ausdruck, daß in der sozialistischen Theorie ein Vergleich zwischen den einzelnen Gesellschaftsformationen vorwiegend nach deren ethischer Qualität vorgenommen wird — etwa in dem Vorwurf des ausbeuterischen oder ungerechten Charakters der kapitalistischen Gesellschaftsordnung oder in der Rechtfertigung des Sozialismus als des der Durchsetzung der „wahren sozialen Gerechtigkeit“[67] dienenden Gesellschaftssystems.

Zunehmend wird im sozialistischen Schrifttum sogar die Existenz allgemeingültiger sittlicher Verhaltensnormen ausdrücklich anerkannt.[68] Es wird davon ausgegangen, daß bereits in vorhergehenden Gesellschaftsformationen moralische Anschauungen vorgeherrscht haben, die für die sozialistische Gesellschaft Geltung beanspruchen können. Dies betreffe solche Regeln und Prinzipien des menschlichen Zusammenlebens, die für den Bestand der menschlichen Gesellschaft überhaupt notwendig sind. Es zeige sich jedoch, daß solche allgemeinmenschlichen moralischen Normen, wie die Achtung des Lebens und der Würde des Menschen, den ausbeuterischen Interessen der Bourgeoisie widersprechen und daß solche Werte in der kapitalistischen Gesellschaftsordnung daher ständig verletzt werden. Erst die sozialistische Revolution habe die objektiven Voraussetzungen für die Verwirklichung dieser allgemeinmenschlichen moralischen Normen geschaffen.[69]

Zwar gehen auch einige Vertreter der bürgerlichen Philosophie von der Existenz absoluter ethischer Werte aus.[70] Sie führen die unvollständige Verwirklichung dieser Werte aber auf die Unzulänglichkeiten des menschlichen Wertebewußtseins zurück. Dagegen erhebt die sozialistische Philosophie das Postulat, die wahren sozialen Werte in der kom-

---

[67] Vgl. *AllThSR IV*, S. 39.

[68] Zur Frage der sozialen Determination solcher allgemeinmenschlicher Normen *A. Uschakow*, Recht und Moral in der Theorie und Praxis der kommunistischen Staaten, OER 1974, S. 1—30, 29.

[69] Vgl. *G. Haney*, Die Wertbedeutung und die Dialektik von Klassenmäßigem und Allgemeinmenschlichem im sozialistischen Recht, in: Beiträge der DDR Sektion zum IVR Weltkongreß, Basel 1979, S. 20—39, 34; *F. Engels*, Anti Dühring, MEW, Bd. 20, S. 88: „Eine über den Klassengegensätzen und über der Erinnerung an sie stehende, wirklich menschliche Moral wird erst möglich auf einer Gesellschaftsstufe, die den Klassengegensatz nicht nur überwunden, sondern auch für die Praxis des Lebens vergessen hat.“

[70] Als Beispiel für diese Auffassung gilt die materielle Wertlehre. Ihre Grundthese geht von der Existenz absoluter Werte aus, die in einer bestimmten Rangordnung zueinander stehen. Der Mensch sei fähig, diese Rangordnung zu erkennen und sich ihr entsprechend zu verhalten. Daß dennoch nicht alle Gesellschaftssysteme dieselben Werte verkörpern, sei auf die Unzulänglichkeiten des menschlichen Wertebewußtseins zurückzuführen. Als Hauptvertreter dieser Lehre gelten *M. Scheler*, Der Formalismus in der Ethik und die materiale Wertethik, 4. Aufl., Berlin 1954; *N. Hartmann*, Ethik, 4. Aufl., Berlin 1962.

munistischen Gesellschaft vollständig erkennen und verwirklichen zu können. Diese Auffassung ist ebenso fragwürdig wie ein reiner Wertsubjektivismus.[71] Selbst wenn es ein absolutes Wertreich gäbe — was bisher eine durch nichts begründete Hypothese darstellt — wäre es jedenfalls für die Menschen nicht erkennbar und somit auch nicht vollständig verwirklichbar.[72]

II. Die Wechselwirkung zwischen Recht und Moral

Das Verhältnis von Recht und Moral ist mit dem Hinweis auf den Klassencharakter beider Normenordnungen bereits angedeutet worden. Die gemeinsame ökonomische Grundlage bedingt in jeder Gesellschaftsformation grundsätzlich eine inhaltliche Übereinstimmung zwischen Recht und Moral, soweit sich ihr Regelungsbereich deckt.[73]

Diejenigen gesellschaftlichen Verhältnisse, die durch das Recht geregelt werden, bedürfen einer moralischen Legitimation, sofern sie nicht als moralisch indifferente Verhältnisse anzusehen sind.[74] Der Zugrundelegung bestimmter Moralnormen für die Gestaltung der Rechtsordnung geht daher regelmäßig eine Analyse der in der Gesellschaft herrschenden Moralvorstellungen voraus.[75] Diese anzustrebende Übereinstimmung schließt aber auch nach der sozialistischen Theorie nicht aus, daß Widersprüche zwischen dem Inhalt rechtlicher Regelungen und den herrschenden Moralvorstellungen auftreten können.[76] Das

---

[71] Für den Wertsubjektivismus ist Wert ein Bewußtseinsinhalt des wertenden Subjekts. Welches Wertebewußtsein die Menschen bilden ist danach durch keine Faktoren vorbestimmt. Der Mensch ist selbst Schöpfer seiner Werte. Diese Auffassung übersieht, daß es zwischen den Menschen auch übereinstimmendes subjektives Werterleben gibt, daß das Setzen verbindlicher Normen, insbesondere Rechtsnormen auf Werterhaltung beruht und daß sich bei konsequenter Durchführung des Wertsubjektivismus nur diejenigen Werte durchsetzen könnten, die von den politischen Machthabern vertreten werden, vgl. hierzu *H. Ryffel* (Anm. 64), S. 275; *H. Henkel* (Anm. 61), S. 327 f.

[72] Mit diesem Argument wird auch die materielle Wertlehre abgelehnt, vgl. *H. Henkel*, S. 325, m. w. N.

[73] Nicht jedes gesellschaftliche Verhalten ist der Sanktion durch staatliche Rechtsnormen ausgesetzt. Es gibt daher unter den gesellschaftlichen Verhältnissen einen rechtsfreien Raum, innerhalb dessen lediglich moralische Normen gelten. Zur Übereinstimmung von Recht und Moral *H. Dettenborn / K. A. Mollnau*, Rechtsbewußtsein und Rechtserziehung, Berlin (Ost), 1976, S. 32; *AllThSR IV*, S. 137; *W. Weiler*, Moral und Recht in der sozialistischen Gesellschaft, StuR 1981, S. 1118—1129, 1120 f.

[74] Vgl. zu den moralisch indifferenten gesellschaftlichen Verhältnissen *AllThSR IV*, S. 138 m. w. N.

[75] Vgl. *AllThSR IV*, S. 142: „Der Gesetzgeber berücksichtigt die sittlichen Anschauungen, ihr moralisches Klima bei der Rechtsetzung."

[76] *W. Weiler* (Anm. 73), S. 1125: „Ein derartiger Widerspruch ist möglich, z. B. dann, wenn eine veraltete Rechtsnorm mit einer entwickelten Moralnorm (die veränderten gesellschaftlichen Verhältnisse bereits entspricht) zusammenstößt — oder umgekehrt."

Rechtsnormensystem paßt sich naturgemäß wegen seiner formellen Starrheit langsamer den gesellschaftlichen Veränderungen an, als die Moralnormen. Demzufolge kommt es vor, daß derjenige, der sich rechtmäßig verhält, trotzdem der gesellschaftlichen Mißbilligung oder dem Vorwurf der Unanständigkeit ausgesetzt ist.[77]

Zur Vermeidung derartiger Widersprüche wird in den Rechtsnormen von unbestimmten Rechtsbegriffen, Generalklauseln oder Verweisungen auf die Sittlichkeit Gebrauch gemacht. Dieses in der bürgerlichen wie in der sozialistischen Rechtstheorie übereinstimmende Verständnis von dem anzustrebenden Verhältnis von Recht und Moral darf nicht darüber hinwegtäuschen, daß der sozialistischen Auffassung über dieses Verhältnis die Annahme zugrunde liegt, daß der Inhalt der Moralnormen richtig — d. h. den ökonomischen Bedingungen entsprechend — nur von der kommunistischen Partei erkannt und formuliert werden kann.[78]

Damit steht auch hinter den Moralnormen als beherrschende faktische Quelle das Programm und die Willensäußerungen der Partei. Die Moralnormen stellen keine die politischen Instanzen bei der Rechtsetzung begrenzende Normenordnung dar, sondern sie dienen diesen Instanzen zur Legitimation angeblich mit den Wertvorstellungen der Gesellschaft übereinstimmender Rechtsnormen.[79] Die sozialistische Moral ist wie das sozialistische Recht letztlich ein Instrument der staatlichen Leitungsorgane zur Durchsetzung ihrer Politik.

Nach der Auffassung in westlich-demokratischen Staaten bildet sich die herrschende Sozialmoral als Verhaltensordnung heraus, die die in der Gesellschaft vorherrschenden Anschauungen hinsichtlich des guten Verhaltens in sich vereint, gewissermaßen als der Bestand des moralischen Gemeingeistes der Gruppe.[80] Eine solche Moralauffassung ist dadurch gekennzeichnet, daß sie dem Zugriff der politischen Instanzen entzogen ist. Was sich als überwiegend in der Sozietät vorherrschende Moralvorstellung herauskristallisiert, ist unabhängig von dem Einfluß staatlicher Organe. Die Moral beinhaltet danach Momente, die die politischen Instanzen begrenzen.

Das Verhältnis von Recht und Moral beschränkt sich nicht auf eine einseitige Einflußnahme der Moral auf das Recht. Es besteht insofern

---

[77] Vgl. das Beispiel bei *H. Henkel* (Anm. 61), S. 90.

[78] Die inhaltlichen Forderungen der sozialistischen Moral sind im Bericht des Zentralkomitees der SED an den IX. Parteitag enthalten. Im Vordergrund stehen darin Disziplin, Organisiertheit, Kollektivität, Verantwortungs- und Pflichtbewußtsein, Gewissenhaftigkeit, gesellschaftliche Aktivität und als Kernstück die sozialistische Arbeitsmoral.

[79] Zur Kritik dieser Auffassung auch *E.-W. Böckenförde* (Anm. 31), S. 87.

[80] Vgl. *H. Henkel* (Anm. 61), S. 71.

eine Wechselwirkung, als das Recht umgekehrt die soziale Wertordnung zu schützen hat. Bestehende soziale Werte erhalten eine erhebliche Verstärkung, wenn sie unter die Garantien des staatlichen Rechtszwanges gestellt werden. Eine weitergehende Einflußnahme des Rechts auf die Moral, etwa in der Weise, daß das Recht bestimmte moralische Gesinnungen bei den Menschen hervorrufen soll, wird vom bürgerlichen Standpunkt aus abgelehnt.[81] Dagegen hat nach der sozialistischen Theorie das Recht auch die Aufgabe, die moralische Gesinnung der Sozietät zu festigen und im Sinne der ökonomischen Entwicklungsgesetze fortzuentwickeln. Dieser Erziehungsfunktion des Rechts wird in der marxistischen Rechtstheorie eine hervorragende Bedeutung beigemessen.[82] Sie beschränkt sich nicht auf vom Recht geforderte äußere Verhaltensweisen, sondern sie hat zum Ziel, das Bewußtsein der Menschen zu formen. Recht regelt daher nicht nur äußeres Verhalten, sondern auch die innere Gesinnung von einem moralischen Verhalten. Die Freiheit, von der Güte der sozialistischen Rechtsnormen nicht überzeugt zu sein, wird den Menschen in den sozialistischen Staaten, wo das Recht ihrer moralischen Vervollkommnung dient, letztlich nicht gewährt.

---

[81] *K. Engisch*, Auf der Suche nach der Gerechtigkeit, München 1971, S. 106.

[82] *AllThSR IV*, S. 143: „Würdigt man die Bedeutung der kommunistischen Moral für das Recht, muß gesagt werden, daß auch das Recht die Entwicklung der Moral beeinflußt, die sittlichen Grundsätze des gesellschaftlichen Lebens stärkt und den Menschen die erforderlichen moralischen Eigenschaften anerzieht."

Zusammenfassung

Im Ergebnis ist die Feststellung zu treffen, daß der marxistisch-sozialistische Rechtsbegriff der von Lenin erhobenen Forderung, sämtliche Aspekte des Rechts in einer Begriffsbestimmung zu berücksichtigen, nicht gerecht wird:

Der Ausschluß der Rechtsverhältnisse führt zu einem strikten Normativismus. Das Recht wird dadurch mit den in einem bestimmten Verfahren zustande gekommenen Gesetzen identifiziert. Diese Konzeption ermöglicht nicht die Einbeziehung staatlicher oder privater Einzelakte, wie Gerichtsentscheidungen, Verwaltungsakte und privatrechtlicher Verträge. Darüber hinaus steht sie mit der Basis-Überbau-Lehre nicht vollständig im Einklang; denn der Ausschluß des Rechtsbewußtseins — der rechtspolitischen Vorstellungen der am Rechtsbildungsprozeß Beteiligten — ermöglicht nicht eine dynamische Anpassung des Rechts an veränderte gesellschaftliche Verhältnisse. Das Recht wird durch seine formalen Schranken zu einem starren, unbeweglichen Normensystem. Ausschlaggebend für diese Haltung dürfte die Befürchtung sein, daß eine Einbeziehung der rechtspolitischen Forderungen in den Rechtsbegriff zu einer Schwächung der Autorität des staatlichen Gesetzgebers führen könnte.

Mit der Qualifizierung des Rechts als eines Systems staatlicher Rechtsnormen wird ein höchst positivistischer Rechtsbegriff vertreten. Daraus ergeben sich Schwierigkeiten, den Gewohnheits- und Völkerrechtsnormen überhaupt Rechtsqualität zuzusprechen. Darüber hinaus führt dies dazu, daß Parteinormen und Normen gesellschaftlicher Organisationen lediglich als „Sozialnormen“ angesehen werden. Gerade die Parteinormen sind aber die für die gesamte gesellschaftliche Entwicklung in den sozialistischen Staaten absolut beherrschenden Normen. Sachgerechter wäre es daher, ihnen die Rechtsqualität zuzusprechen.

Die Aussagen über den Klassenbegriff sind nicht das Ergebnis einer fundierten empirischen Analyse vorhandener politischer und ökonomischer Verhältnisse, sondern einer rein deduktiven Ableitung aus der materialistischen Geschichtsauffassung. Dabei ist es zumindest fragwürdig, ob die Eigentumsstellung zu den Produktionsmitteln für die Konstituierung sozialer Klassen letztentscheidend ist. Auch die daraus abgeleiteten Herrschaftsbefugnisse haben keine Entsprechung in der kapitalistischen oder sozialistischen Gesellschaft erfahren.

Die Behauptung eines Rechtsbewußtseins der herrschenden sozialen Klasse ist infolgedessen ebenfalls ein reines Postulat der materialistischen Geschichtsauffassung. Dies führt in der Praxis der sozialistischen Staaten dazu, daß das Rechtsbewußtsein von der das Erkenntnismonopol über die sozialen Gesetzmäßigkeiten beanspruchenden kommunistischen Partei postuliert wird, ohne daß den einzelnen Individuen die Möglichkeit eröffnet wird, ihre rechtspolitischen Vorstellungen in anderen politischen Organisationen wirksam vertreten zu können.

Auch die Behauptung einer objektiven Determination des Klassenwillens ist ausgesprochen zweifelhaft:

Grundsätzlich ist hiergegen einzuwenden, daß auch die gesamte Produktionsweise das Ergebnis autonomer Willensentscheidungen ist. Es besteht nicht — wie dies die marxistische Lehre intendiert — eine vom menschlichen Willen unabhängige Beziehung zwischen den Produktivkräften und den Produktionsverhältnissen. Für die sozialistische Gesellschaft, in der die kommunistische Partei in der Lage sein soll, die ökonomischen Notwendigkeiten zu erkennen, besteht selbst bei Anerkennung dieser materiellen Determination die Möglichkeit, der Gestaltung der Rechtsordnung Prinzipien zugrunde zu legen, die den gesellschaftlichen Notwendigkeiten widersprechen. Der marxistisch-sozialistische Rechtsbegriff ist daher dem Vorwurf ausgesetzt, staatliche Willkür zu begünstigen. Dies gilt gerade deshalb, weil seit der Stalinisierung im sozialistischen Schrifttum stets die Auffassung vertreten wird, daß das Recht nicht bloß eine Widerspiegelung der ökonomischen Verhältnisse sei, sondern daß es aktiv auf die Gestaltung der Basis einwirken könne.

Die Konzeption eines ‚Rechts des ganzen Volkes‘ in der Sowjetgesellschaft ist solange unbegründet, als nicht Güter im Überfluß produziert werden. Denn es entstehen immer Konstellationen, in denen einzelne materielle Interessen unbefriedigt bleiben. Das Recht behält daher auch in der Sowjetgesellschaft seine Funktion als Verteilungs- und Ordnungsinstrument gegensätzlicher Interessen. Es kann daher nicht als ein allgemeines ‚Volksrecht‘ qualifiziert werden.

Der uneingeschränkten Rechtsetzungsbefugnis der staatlichen- und parteilichen Leitungsorgane werden auch keine Beschränkungen durch die Anerkennung innerhalb der Gesellschaft bestehender sozialer Wertvorstellungen auferlegt. Denn deren Formulierung und Festlegung erfolgt in der sozialistischen Gesellschaft ebenfalls durch die Parteiführungen, was eine nahezu uneingeschränkte Übereinstimmung mit den rechtspolitischen Forderungen der Partei zur Folge hat.

Literaturverzeichnis

Achterberg, N.: Die Rechtsordnung als Rechtsverhältnisordnung, Grundlegung der Rechtsverhältnistheorie, Berlin 1982.

Aleksandrov, N. G.: Zur Kritik von Überresten der bourgeoisen Ideologie in der Definition des Rechts (russ.), SGP 1948/10, S. 43 ff.

— Das Wesen des Rechts (russ.), Moskau 1950.

Arlt, R.: Zu einigen Grundfragen der marxistisch-leninistischen Rechtstheorie in der DDR, StuR 1969, S. 1414 ff.

Arlt, R. / *Stiller*, G.: Entwicklung der sozialistischen Rechtsordnung in der DDR, Berlin (Ost) 1973.

Aron, R.: Social Class, Political Class, Ruling Class, in: Bendix, R. / Lipset, S. M. (Hrsg.), Class, Status and Power, 2. Aufl., New York 1966.

Baum, B.: Leon Petrazycki und seine Schüler, Berlin 1967.

Becher, J.: Zur Anwendung der Leninschen Lehre vom Staat bei der Gestaltung des ökonomischen Systems des Sozialismus, Die Technik 1970, S. 761 ff.

Bechtler, Th. W.: Der soziologische Rechtsbegriff, Eine systematische Darstellung, Berlin 1977.

Behrend, J.: Untersuchungen zur Stufenbaulehre Adolf Merkls und Hans Kelsens, Berlin 1977.

Bergbohm, K.: Jurisprudenz und Rechtsphilosophie: Kritische Abhandlungen, Bd. I, Leipzig 1892.

Bilinsky, A.: Die Entwicklung des Rechtsbegriffs in der Sowjetunion, Jahrb. f. Ostr. 1962, Bd. II/1, S. 69 ff.

— Zur Problematik des subjektiven Rechts in der sowjetischen Rechtslehre, Jahrb. f. Ostr. 1960, Bd. II/1, S. 137 ff.

Binder, J.: Recht und Macht als Grundlage der Staatswirksamkeit, Erfurt 1921.

Blankenagel, A.: Zur Funktion der Grundrechte in der UdSSR. Eine Darstellung am Beispiel des Rechts auf Arbeit und des Rechts auf freie Meinungsäußerung, Diss. jur. München 1975.

Bley, G. / *Dähn*, U.: Gesetzgebung und Weiterentwicklung der sozialistischen Rechtsordnung, StuR 1973, S. 1730 ff.

Böckenförde, E.-W.: Die Rechtsauffassung im kommunistischen Staat, München 1967.

Braga, S.: Die Rechtsstellung der kommunistischen Partei der Sowjetunion als Qualifikationsproblem, OER 1962/I, S. 1 ff.

Brugger, W.: Marx und das Rechtsverständnis in der DDR, ROW 1978, S. 101 ff.

Brunner, G.: Die Methode des Ostrechts im Widerstreit von Recht und Politik, OER 1975, S. 89 ff.

— Naturrecht und Sowjetideologie, ROW 1966, S. 229 ff.

— Einführung in das Recht der DDR, 2. Aufl., München 1979.

Büllesbach, A.: Systemtheoretische Ansätze und ihre Kritik, in: Kaufmann, A. / Hassemer, W. (Hrsg.), Einführung in die Rechtsphilosophie und Rechtstheorie der Gegenwart, 3. Aufl., Heidelberg/Karlsruhe 1981, S. 235 ff.

Bülow, O.: Gesetz und Richteramt, Leipzig 1885.

Burckhardt, W.: Die Organisation der Rechtsgemeinschaft: Untersuchungen über die Eigenart des Privatrechts, des Staatsrechts und des Völkerrechts, 2. Aufl., Zürich 1944.

Ceterchi, I.: Die Kategorien des Wesens, des Inhalts und der Form der Erforschung des sozialistischen Rechts, in: Wissenschaftliche Zeitschrift der Friedrich Schiller Universität Jena, Gesellschafts- und Sprachwissenschaftliche Reihe, Jhrg. 15, 1966/3, S. 413 ff.

Cismarescu, M.: Das Rechtsverhältnis von Partei und Staat in Rumänien, OER 1980, S. 162 ff.

Coing, H.: Grundzüge der Rechtsphilosophie, 2. Aufl., Berlin 1969.

Dahlke, H.: Karl Marx über das Wesen des Rechts, Diss. jur. Frankfurt/M. 1959.

Dahm, G.: Völkerrecht, Band I, Stuttgart 1958—1961.

David, R. / *Hasard*, J. N.: Le droit soviétique, Paris 1954.

Dettenborn, H. / *Mollnau*, K. A.: Rechtsbewußtsein und Rechtserziehung, Berlin (Ost) 1976.

Die gesellschaftlichen Organisationen in der DDR, hrsg. von einem Autorenkollektiv, Berlin (Ost) 1980.

Dietz, M.: Schwedische Rechtsphilosophie, JuS 1980, S. 168 ff.

Dreier, R.: Recht — Moral — Ideologie, Frankfurt/M. 1981.

Ebel, K.: Der Gesetzesbegriff im Recht der DDR, Diss. jur. Göttingen 1976.

Ehrlich, E.: Grundlegung der Soziologie des Rechts, 3. Aufl., Berlin 1967.

Engisch, K.: Auf der Suche nach der Gerechtigkeit, München 1971.

— Einführung in das juristische Denken, 6. Aufl., Stuttgart 1976.

Esser, J.: Vorverständnis und Methodenwahl in der Rechtsfindung: Rationalitätsgarantien richterlicher Entscheidungspraxis, Frankfurt/M. 1972.

Farber, I. E.: Über den Begriff des Rechts, dt. in: RID 1957, Sp. 217 ff.

Förtsch, E.: Die SED, Stuttgart 1969.

Frenzke, D.: Was ist „sozialistisches" Recht?, OER 1977, S. 55 ff.

Freytag-Loringhoven, A. Frh.: Die Gesetzgebung der russischen Revolution, Halle 1920.

Geiger, Th.: Vorstudien zu einer Soziologie des Rechts, 2. Aufl., Neuwied 1964.

Gjupanovich, F.: Das Rechtssystem der Sowjetunion, OER 1972, S. 125 ff.

Gleserman, G. J.: Der historische Materialismus und die Entwicklung der sozialistischen Gesellschaft, Berlin (Ost) 1973.

Golunski, S. A.: Zum Begriff der Rechtsnorm in der Theorie des sozialistischen Rechts, StuR 1961, S. 1545 ff.

Grahn, W.: Recht als eine besondere Widerspiegelung der Gesellschaft, StuR 1982, S. 159 ff.

— Vom gesellschaftlichen Sein zum rechtlichen Sollen — Methodische Aspekte, in: Zur marxistischen Rechtskonzeption, Beiträge der DDR Sektion zum IVR Weltkongreß 1979 in Basel, Berlin (Ost) 1979, S. 1 ff.

Grahn, W. / *Wagner*, I.: Rechtliche und soziale Gleichheit, Berlin (Ost) 1977.

— / — Rechtstheoretische Probleme des Systems der rechtlichen Regelung im Sozialismus, StuR 1980, S. 445 ff.

Hahn, E.: Objektive Gesetzmäßigkeit und bewußtes Handeln im Sozialismus, in: Objektive Gesetzmäßigkeit und bewußtes Handeln in der sozialistischen Gesellschaft, Materialien des IV. Philosophie-Kongresses der DDR, Berlin (Ost) 1974, S. 15 ff.

Haney, G.: Zum Inhalt des sozialistischen Rechtsbegriffs, StuR 1963, S. 121 ff.

— Das Recht der Bürger und die Entfaltung der sozialistischen Persönlichkeit, StuR 1962, S. 1063 ff.

— Sozialistisches Recht und Persönlichkeit, Berlin (Ost) 1967.

— Werte der Arbeiterklasse und sozialistisches Recht, NJ 1976, S. 602 ff.

— Die Wertbedeutung und die Dialektik von Klassenmäßigem und Allgemeinmenschlichem im sozialistischen Recht, in: Zur marxistischen Rechtskonzeption, Beiträge der DDR Sektion zum IVR Weltkongreß 1979 in Basel, Berlin (Ost) 1979, S. 20 ff.

— Thesen zum Wesen und zur Entwicklung des sozialistischen Rechts, StuR 1963, S. 1841 ff.

Haney, G. / *Wagner*, I.: Grundlagen der Theorie des sozialistischen Staates und Rechts, Teil II, Leipzig 1967.

Hartmann, N.: Ethik, 4. Aufl., Berlin 1962.

Hegel, G. W.: Grundlinien der Philosophie des Rechts, Neudruck, Leipzig 1930.

Heimbach, H.-J.: Die Rolle der SED im mitteldeutschen Rechts- und Verfassungsgefüge und die Rechtsnatur ihrer Parteibeschlüsse, Diss. jur. Bonn 1973.

Henkel, H.: Einführung in die Rechtsphilosophie, 2. Aufl., München 1977.

— Dimensionen des Rechts, in: Gedächtnisschrift für R. Marcic, Bd. I, Berlin 1974, S. 63 ff.

Herles, H.: Lenin und seine Erben. Ein Publik-Gespräch mit G. A. Wetter, Rom, in: Publik, Frankfurt 1970, H. 17, S. 15 ff.

Hirsch, E. E.: Das Recht im sozialen Ordnungsgefüge, Berlin 1966.

Hümmler, H.: Die Partei, Berlin (Ost) 1967.

Husserl, G.: Rechtskraft und Rechtsgeltung, Bd. I, Berlin 1925.

Isay, H.: Rechtsnorm und Entscheidung, Berlin 1929.

Jacobs, O.-W.: Der Grundinhalt der subjektiven Rechte im deutschen und sowjetischen Rechtssystem, OER 1964, S. 258 ff.

Jaeggi, U.: Kapital und Arbeit in der Bundesrepublik (Neue Ausgabe von „Macht und Herrschaft in der BRD"), Frankfurt/M. 1969.

Jampolskaja, Z. A.: Über die Wechselwirkung zwischen Staatsorganen und gesellschaftlichen Organisationen, dt., in: Sowjetwissenschaften 1979, S. 34 ff.

Jellinek, G.: Allgemeine Staatslehre, 3. Aufl., Bad Homburg 1966.

Joffe, O. S.: Das Rechtsverhältnis nach dem sowjetischen Zivilrecht, Leningrad 1949 (russ.).

Jørgensen, S.: Values in Law: ideas, principles and rules, Kopenhagen 1978.

Joseph, D.: Zum Begriff des sozialistischen Rechts, StuR 1973, S. 1875 ff.

Karliczek, H. J.: Neue Bedingungen für das Zusammenwirken der örtlichen Staatsorgane mit den gesellschaftlichen Organisationen, StuR 1983, S. 618 ff.

Kaschkat, H.: Die sozialistischen Grundrechte in der DDR. Ihre Funktion und Entwicklung, Diss. jur. Würzburg 1976.

Kaufmann, A.: Rechtstheorie im Wandel: Stationen eines Weges, Frankfurt/M. 1972.

— Naturrecht und Geschichtlichkeit, 2. Aufl., Tübingen 1968.

Kelsen, H.: The communist theory of Law, London 1955.

— Reine Rechtslehre, 2. Aufl., Wien 1960.

Kerimov, D. A.: Philosophische Probleme des Rechts, Berlin (Ost) 1977 (dt. Ausg.).

— Verfassung der UdSSR und politisch-rechtliche Theorie, Berlin (Ost) 1981 (dt. Ausg.).

Ketschekjan, S. F.: Rechtsnormen und Rechtsverhältnisse, RID 1956, Sp. 197 ff.

Klenner, H.: Rechtsleere — Verurteilung der Reinen Rechtslehre, Frankfurt/M. 1972.

— Marxismus und Menschenrechte, Studien zur Rechtsphilosophie, Berlin (Ost) 1982.

Klenner, H. / *Schöneburg*, K.-H.: Vom ewigen zum beweglichen Naturrecht, StuR 1956, S. 485 ff.

Krawietz, W.: Juristische Entscheidung und wissenschaftliche Erkenntnis. Eine Untersuchung zum Verhältnis von dogmatischer Rechtswissenschaft und rechtswissenschaftlicher Grundlagenforschung, Wien/New York 1978.

Krylenko, N. W.: Diskussion über Recht und Staat, Moskau 1924 (russ.).

Kubeš, V.: Grundfragen der Philosophie des Rechts, Forschungen aus Staat und Recht, Bd. 39, Wien/New York 1977.

Kunig, P.: Artikel, in: Die Zeit, Ausg. vom 30. März 1984, S. 54.

Larenz, K.: Das Problem der Rechtsgeltung, Berlin 1929 (Nachdruck 1967).

Lenin, V. I.: Werke, Berlin (Ost) 1956—1964.

— Marx — Engels — Marxismus, Berlin (Ost) 1957, Bücherei des Marxismus-Leninismus, Bd. 50.

Leonhard, W.: Sowjetideologie heute, Bd. 2, Die politischen Lehren, Frankfurt/M. 1962.

Lipset, S. M.: Soziologie der Demokratie, dt. gekürzte Ausg. von: Political Man — The social Bases of Politics, Neuwied 1962.

Loeber, D. A.: Unbewältigte Vergangenheit im sowjetischen Zivilrecht. Zur Auseinandersetzung um das wissenschaftliche Erbe Peter I. Stuckas, in: Macht und Recht im kommunistischen Herrschaftssystem, Köln 1965, S. 129 ff.

— Rechtsvergleichung zwischen Ländern mit verschiedener Wirtschaftsordnung, RabelsZ 1961, S. 201 ff.

Lorenz, R.: Anfänge der bolschewistischen Industriepolitik, Köln 1965.

Lucas, R.: Quellen und Formen des Sowjetrechts, Bad Herrenalb 1965.

Luchterhand, O.: Der Rechtsschutz des Einzelnen im Staats- und Verwaltungsrecht, in: Westen, K. / Meissner, B. / Schroeder, F.-C. (Hrsg.), Der Schutz individueller Rechte und Interessen im Recht der sozialistischen Staaten, Berlin 1980, S. 35 ff.

— Die Rechtsstellung der gesellschaftlichen Organisationen im Sowjetstaat als Kodifikationsproblem, OER 1975, S. 281 ff.

Luge, C. / *Mand*, R.: Rechtliche Probleme der Organisation und Tätigkeit der gesellschaftlichen Organisationen, StuR 1977, S. 690 ff.

— / — Politisches System des Sozialismus, Recht, Demokratie, gesellschaftliche Organisationen, StuR 1979, S. 232 ff.

Luhmann, N.: Legitimation durch Verfahren, Neuwied 1969.

Lukaschewa, J. A.: Sozialistisches Rechtsbewußtsein und Gesetzlichkeit, Berlin (Ost) 1976.

Lundstedt, A. V.: Die Unwissenschaftlichkeit der Rechtswissenschaft, Bd. I, Berlin 1932.

Lungwitz, W.: Die neue Qualität des sozialistischen Rechts muß eingehend begründet werden, StuR 1962, S. 1325 ff.

Maihofer, W. (Hrsg.): Begriff und Wesen des Rechts, Darmstadt 1973.

— Demokratie im Sozialismus, Recht und Staat im Denken des jungen Marx, Frankfurt/M. 1968.

— Vom Sinn menschlicher Ordnung, Frankfurt/M. 1956.

Mallet, S.: Die neue Arbeiterklasse, Neuwied 1972.

Mampel, S.: Die Auffassung des dialektischen und historischen Materialismus vom Recht, ROW 1960, S. 53 ff.

— Die staatsrechtliche Entwicklung in der DDR seit dem VIII. Parteitag der SED, ROW 1974, S. 89 ff.

— Die sozialistische Verfassung der Deutschen Demokratischen Republik, Kommentar, 2. Aufl., Frankfurt/M. 1982.

— Die Funktion des Rechts bei der Bewältigung von Interessengegensätzen, ROW 1975, S. 257 ff.

Mand, R. / *Stüber*, R.: Gesellschaftliche Organisationen und Entfaltung der sozialistischen Demokratie, StuR 1974, S. 908 ff.

Marcic, R.: Rechtsphilosophie, Freiburg 1969.

Marcuse, H.: Der eindimensionale Mensch, Neuwied 1967.

Marx, K. / *Engels*, F.: Werke, Berlin (Ost) 1964—1967.

Marxistisch-leninistische allgemeine Theorie des Staates und des Rechts: Bd. I: Grundlegende Institute und Begriffe, dt. Ausg. der im Jahre 1970 erschienenen russischen Originalausgabe, Berlin (Ost) 1974.

— Bd. IV: Das sozialistische Recht, dt. Ausg. der im Jahre 1973 erschienenen russischen Originalausgabe, Berlin (Ost) 1976.

Marxistisch-leninistische Staats- und Rechtstheorie: Lehrbuch, hrsg. vom Institut für Theorie des Staates und des Rechts der Akademie der Wissenschaften der DDR, 3. Aufl., Berlin (Ost) 1980.

Maurach, R.: Handbuch der Sowjetverfassung, München 1955.

Meder, W.: Grundzüge der sowjetischen Staats- und Rechtstheorie, Schriftenreihe der juristischen Studiengesellschaft, Heft 55, Karlsruhe 1963.

— Das Sowjetrecht, Grundzüge der Entwicklung, 1917—1970, Frankfurt/M. 1971.

Meissner, B.: Die Rechtsstellung der KPdSU, Jahrb. f. Ostr. 1961, Bd. II/2, S. 7 ff.

— Rußland im Umbruch, Frankfurt/M. 1951.

— Sowjetrußland zwischen Revolutionen und Restauration, Köln 1956.

— Das Parteiprogramm der KPdSU von 1903—1961, Köln 1962.

— Die Rechtsstellung der SED und ihrer Gefolgsparteien, ROW 1973, S. 245 ff.

Meyer, G.: Der Staat und die erworbenen Rechte, Leipzig 1895.

Mills, C. W.: Die amerikanische Elite, dt. Ausg. von: The Power Elite, Hamburg 1962.

Mitteis, H.: Über das Naturrecht, Berlin 1948.

Mollnau, K. A.: Theoretische und methodische Fragen der Wesensbestimmung des sozialistischen Rechts, StuR 1974, S. 2054 ff.

— (Hrsg.), Probleme einer Rechtsbildungstheorie, Berlin (Ost) 1982.

— Sozialökonomische Determiniertheit des Rechts und gesetzgeberische Entscheidung im Rechtsbildungsprozeß, in: Zur marxistischen Rechtskonzeption, Beiträge der DDR Sektion zum IVR Weltkongreß 1979 in Basel, Berlin (Ost) 1979, S. 70 ff.

Mollnau, K. A. / *Röder*, K. H.: Kollektivität und Zwang im sozialistischen Recht, StuR 1963, S. 580 ff.

Mollnau, K. A. / *Schöneburg*, K.-H.: Zur Gegenstands- und Funktionsbestimmung der marxistisch-leninistischen Staats- und Rechtstheorie, StuR 1974, S. 1855 ff.

Montesquieu, Ch.: Geist der Gesetze, Neudruck, Leipzig 1948.

Nasarenko, E. W.: Sozialistisches Rechtsbewußtsein und Rechtsschöpfung, Berlin (Ost) 1974.

Nathan, H.: Die Vollstreckung gerichtlicher Entscheidungen, NJ 1970, S. 183 ff.

Nawiasky, H.: Allgemeine Rechtslehre, Zürich 1948.

Nedbailo, P. I.: Einführung in die marxistische Rechts- und Staatstheorie, Köln 1973.

Objektive Gesetze, Recht, Handeln: Autorenkollektiv, Berlin (Ost), 1979.

Oehme, B.: Der Handlungsbegriff des sozialistischen Rechts, Diss. jur. Jena 1974.

Offe, C.: Politische Herrschaft und Klassenstrukturen, Zur Analyse spätkapitalistischer Gesellschaftssysteme, in: Kress, G. / Senghaas, D. (Hrsg.), Politikwissenschaft, Eine Einführung in ihre Probleme, Frankfurt/M. 1969, S. 155 ff.

Pašukanis, J. B.: Allgemeine Rechtslehre und Marxismus, Wien/Berlin 1929, Neudruck Frankfurt/M. 1966.

— Die Lage an der theoretischen Rechtsfront (russ.), SGiRP 1930, H. 11/12, S. 25 ff.

— Grundlegende Probleme der marxistischen Theorie des Staates und des Rechts, in: Reich, N. (Hrsg.), Marxistische und sozialistische Rechtstheorie, Frankfurt/M. 1972, S. 107 ff.

Paul, W.: Marxistische Rechtstheorie als Kritik des Rechts, Frankfurt/M. 1974.

— Das Programm marxistischer Rechtslehre — ein kritischer Rekonstruktionsversuch, in: Reich, N. (Hrsg.), Marxistische und sozialistische Rechtstheorie, Frankfurt/M. 1972, S. 201 ff.

Pawlow, I. W.: Die Entwicklung der sowjetischen Rechtswissenschaft im Verlauf von 40 Jahren, RID 1958, Sp. 97 ff.

Peschka, V.: Die Theorie der Rechtsnormen, Budapest 1982.

— Grundprobleme der modernen Rechtsphilosophie, Budapest 1974.

Petev, V.: Zum Begriff des Rechts in bürgerlicher und marxistischer Sicht, Rechtstheorie 1976, S. 53 ff.

— Kritische Punkte der marxistischen Rechtskonzeption, Beitrag zum Weltkongreß für Rechts- und Sozialphilosophie, Basel 1979, ARSP 1982, Supplementa Vol. I, part 2, S. 441 ff.

— Rechtstheoretische Aspekte des Schutzes individueller Rechte und Interessen in der sozialistischen Gesellschaft, in: Westen, K. / Meissner, B. / Schroeder, F.-C. (Hrsg.), Der Schutz individueller Rechte und Interessen im Recht der sozialistischen Staaten, Berlin 1980, S. 11 ff.

— Soziale und ethische oder ideologische Natur des Rechts? (Zum Verhältnis von Ideologie, Politik und Recht), Beitrag zum IVR Weltkongreß, Mexiko 1982, in: Filosofia del derecho y filosofia de la cultura, Mexiko 1982, S. 131 ff.

— Rezension zu: Skredov, V. P.: Ökonomie und Recht. Über die Prinzipien der Erforschung der Produktionsverhältnisse im Zusammenhang mit ihrer rechtlichen Ausdrucksform, Moskau 1967 (russ.), Rechtstheorie 1972, S. 104 ff.

Pfaff, D.: Die Entwicklung der sowjetischen Rechtslehre, Köln 1968.

Pfarr, H. M.: Auslegungstheorie und Auslegungspraxis im Zivil- und Arbeitsrecht der DDR, Berlin 1972.

Piontkovskij, A. A.: Aktuelle Fragen der allgemeinen sozialistischen Rechtstheorie, in: Aktuelle Beiträge der Staats- und Rechtswissenschaft, Heft 63, Probleme des sowjetischen sozialistischen Staates und Rechts in der gegenwärtigen Periode, Bd. I, Potsdam 1969, S. 7 ff.

— Einige Fragen der allgemeinen Theorie des Staates und des Rechts, SGP 1956/1, S. 14 ff. (russ.), dt. in: RID 1956, Sp. 183 ff.

Plenge, J.: Marx und Hegel, Tübingen 1911.

Pleyer, K.: Das Interesse im Wirtschaftsrecht der DDR, Festschrift für Rudolf Reinhard, Köln 1972, S. 291 ff.

Plotnijeks, A. A.: Die Entwicklung der Auffassungen vom Wesen des sowjetischen Rechts (1917—1936), Sowjetwissenschaften 1980, S. 712 ff.

Polak, K.: Über die weitere Entwicklung der sozialistischen Rechtspflege in der Deutschen Demokratischen Republik, StuR 1961, S. 607 ff.

Poppe, E.: Gedanken zum Stand der Grundrechtstheorie und -forschung in der DDR, StuR 1975, S. 1333 ff.

Programm der SED: Berlin (Ost) 1976.

Radbruch, G.: Rechtsphilosophie, 8. Aufl., Stuttgart 1973, hrsg. von Wolf, E. und Schneider, H.-P.

Raiser, Th.: Einführung in die Rechtssoziologie, 2. Aufl., Berlin 1973.

Rappoport, A.: Die marxistische Rechtsauffassung, Diss. jur. Riga 1927, abgedr. in: Reich, N. (Hrsg.), Marxistische und sozialistische Rechtstheorie, Frankfurt/M. 1972.

Rehbinder, M.: Die Begründung der Rechtssoziologie durch Eugen Ehrlich, Berlin 1967.

Reich, N.: Marxistische Rechtstheorie, Recht und Staat, H. 420/421, Tübingen 1973.

— Sozialismus und Zivilrecht, Frankfurt/M. 1972.

— Oktoberrevolution und Recht, KJ 1971, S. 131 ff.

— Marxistische Rechtstheorie zwischen Revolution und Stalinismus, KJ 1972, S. 154 ff.

— (Hrsg.), Marxistische und sozialistische Rechtstheorie, Frankfurt/M. 1972.

Reich, N. / *Reichel*, H.-C.: Einführung in das sozialistische Recht, München 1975.

Rejsner, M. A.: Petrashicki-Theorie: Marxismus und die soziale Ideologie, Sammlg. der sowjetischen Aufsätze der Harvard Universität „Soviet Legal Philosophy“ 1951 (engl.), S. 71 ff.

— Recht, Unser Recht, Fremdes Recht, Allgemeines Recht, Moskau 1925 (russ.).

Richert, E.: Macht ohne Mandat, 2. Aufl., Köln 1963.

Richter, H.-P.: Sozialistisches Recht und Gesamtinteresse, Diss jur. Jena 1973.

Römer, P.: Der Zwangscharakter des Rechts in der Rechtslehre Hans Kelsens und in der marxistischen Rechtstheorie, Schriftenreihe des Hans Kelsen Instituts, Bd. 3, Reine Rechtslehre und Marxistische Rechtstheorie, S. 147 ff.

Rosenbaum, W.: Der Rechtsbegriff bei Stučka und Pašukanis, KJ 1971, S. 148 ff.

Rost, R.: Die führende Rolle der Partei im sozialistischen Staat, Berlin (Ost) 1961.

Rottleuthner, H. (Hrsg.): Probleme der marxistischen Rechtstheorie, Frankfurt/M. 1975.

Ryffel, H.: Rechtssoziologie, Neuwied 1974.

— Grundprobleme der Rechts- und Staatsphilosophie, Philosophische Antropologie des Politischen, Neuwied 1969.

Šejdlin, B. V.: Über den Charakter der dienenden Rolle des sozialistischen Sowjetrechts, Leningrad 1955 (russ.).

Scheler, M.: Der Formalismus in der Ethik und die materiale Wertethik, 4. Aufl., Berlin 1954.

Schelsky, H.: Der Mensch in der wissenschaftlichen Zivilisation, Köln/Opladen 1961.

Schindler, R. / *Pompoes*, H.: Recht und Rechtsordnung in der Deutschen Demokratischen Republik, NJ 1971, S. 345 ff.

Schmidt, H. / *Thiel*, G. / *Zotl*, P.: Zur wachsenden Rolle der marxistisch-leninistischen Partei als Kern der politischen Organisation der entwickelten sozialistischen Gesellschaft, StuR 1978, S. 962 ff.

Schönrath, T.: Zur Problematik der Verbindlichkeit der sozialistischen Rechtsakte, Wissenschaftliche Zeitschrift der Friedrich Schiller Universität Jena, gesellschafts- und sprachwissenschaftliche Reihe, 15. Jhrg. 1966, S. 431 ff.

Schroeder, F.-C.: Fünfzig Jahre sowjetische Rechtstheorie, in Maurach, R. / Meissner, B. (Hrsg.), 50 Jahre Sowjetrecht, Stuttgart/Berlin 1969, S. 52 ff.

— Inhalt und Entwicklung von Staat und Recht nach dem neuen Parteiprogramm der kommunistischen Partei der Sowjetunion, Jahrb. f. Ostr. 1962/II/1, S. 45 ff.

Schünemann, H.-W.: Sozialwissenschaften und Jurisprudenz, München 1976.

Schüsseler, R.: Zu den Grundfragen der Theorie des sozialistischen Rechts in Marx' „Kritik des Gothaer Programms", StuR 1975, S. 746 ff.

Schultz, L.: Der XXII. Parteitag der KPdSU und die sowjetische Staatstheorie, ROW 1962, S. 177 ff.

— Die entwickelte sozialistische Gesellschaft als neue Phase in der Entwicklung der sozialistischen Staaten, ROW 1975, S. 150 ff.

— Der Aufbau des Kommunismus in der Sowjetunion und die Gestaltung der entwickelten sozialistischen Gesellschaft in den Volksdemokratien, ROW 1977, S. 153 ff.

— Die Problematik des Übergangs der Diktatur des Proletariats zum Staat des gesamten Volkes, ROW 1981, S. 10 ff.

— Die gesellschaftlichen Organisationen in den sozialistischen Staaten, ROW 1981, S. 232 ff.

Schulz, P.-B.: Zur Dialektik von Basis und Überbau — ihre Bedeutung für die weltanschauliche Orientierung der Staats- und Rechtspraxis, NJ 1970, S. 2 ff.

Schumpeter, J. A.: Kapitalismus, Sozialismus und Demokratie, 5. Aufl., München 1980.

Schwarzenbach, R.: Die Kaderpolitik der SED in der Staatsverwaltung, Köln 1976.

Sorgenicht, K.: Das gesetzmäßige Wachstum der führenden Rolle der SED bei der Lösung der Grundaufgaben der gesellschaftlichen Entwicklung in Deutschland, StuR 1966, S. 1769 ff.

Stalgevič, A. K.: Grundfragen der marxistischen Rechtstheorie (russ.), SGiRP 1930/7, S. 178 ff.

— Zur Frage des Begriffs des Rechts (russ.), SGP 1948/7, S. 61 ff.

Stalin, J. W.: Der Marxismus und die Fragen der Sprachwissenschaft, Berlin (Ost) 1953.

Stammler, R.: Der Begriff des Rechts, in: Maihofer, W. (Hrsg.), Begriff und Wesen des Rechts, Darmstadt 1973, S. 309 ff.

— Die Lehre vom richtigen Recht, 2. Aufl., Berlin 1926.

— Wirtschaft und Recht nach der materialistischen Geschichtsauffassung, Berlin 1924.

Stoyanovitch, K.: Marxisme et droit, Paris 1964.

Stučka, P. I.: Die revolutionäre Rolle von Recht und Staat, Frankfurt/M. 1969.

— Proletarisches Recht, in: Reich, N. (Hrsg.), Marxistische und sozialistische Rechtstheorie, Frankfurt/M. 1972, S. 79 ff.

Svensson, R. / *Will*, R.: Diskussion zum marxistisch-leninistischen Rechtsbegriff, StuR 1982, S. 78 f.

Thon, A.: Rechtsnorm und subjektives Recht, Untersuchung zur allgemeinen Rechtslehre, Weimar 1878.

Thurnwald, R.: Werden, Wandel und Gestaltung des Rechts, Berlin 1934.

Udke, G.: Aktuelle Probleme der Entwicklung des sozialistischen Rechtsbewußtseins und seiner weiteren Erforschung, StuR 1981, S. 324 ff.

Uschakow, A.: Recht und Moral in der Theorie und Praxis der kommunistischen Staaten, OER 1974, S. 1 ff.

Varga, C.: Quelques problèmes de la définition du droit dans la théorie socialiste du droit, in: Archives de la Philosophie du Droit, XII., 1967, S. 189 ff.

Vogel, H. H.: Der skandinavische Rechtsrealismus, Frankfurt/M. 1972.

Vyšinskij, A. J.: Fragen der Staats- und Rechtstheorie, 2. Aufl., Moskau 1949 (russ.).

— Die Hauptaufgaben der Wissenschaft vom sozialistischen Sowjetrecht, in: Sowjetische Beiträge zur Staats- und Rechtstheorie, Berlin (Ost) 1953, S. 76 ff.

— Zur Lage an der theoretischen Rechtsfront, in: Reich, N. (Hrsg.), Marxistische und sozialistische Rechtstheorie, Frankfurt/M. 1972, S. 113 ff.

Wagner, H.: Reine Rechtslehre und marxistische Rechtstheorie, in: Schriftenreihe des Hans Kelsen Instituts, Bd. 3, Reine Rechtslehre und marxistische Rechtstheorie, Wien 1978, S. 109 ff.

Wagner, I.: Zur Normativität des sozialistischen Rechts, StuR 1975, S. 634 ff.

— Zu den Kriterien des Aufbaus des Systems des sozialistischen Rechts, StuR 1976, S. 1052 ff.

— Theoretische Probleme der Rechtsverwirklichung und der Rechtswirkung, StuR 1982, S. 445 ff.

— Zu einigen allgemeintheoretischen Fragen der sozialistischen Rechtsverwirklichung, StuR 1975, S. 1584 ff.

Weber, M.: Rechtssoziologie, 2. Aufl., Neuwied 1967.

Weiler, W.: Moral und Recht in der sozialistischen Gesellschaft, StuR 1981, S. 1118 ff.

Westen, K.: Die kommunistische Partei der Sowjetunion und der Sowjetstaat, Eine verfassungsrechtliche Untersuchung, Köln 1968.

— Die rechtstheoretischen und rechtspolitischen Ansichten J. W. Stalins, Konstanz 1959.

Wetter, G. A.: Sowjetideologie heute, Dialektischer und historischer Materialismus, Bd. 1, Frankfurt/M. 1962.

Winkelmann, G.: Die Lehre vom Verwaltungshandeln in der sowjetischen Verwaltungsrechtslehre, Berlin (Ost) 1973.

Winkler, G.: Sein und Sollen, Rechtstheorie 1979, S. 257 ff.

Wissenschaftlicher Kommunismus: Lehrbuch für das marxistisch-leninistische Grundlagenstudium, Berlin (Ost) 1982.

Wolfe, B. D.: Marx und die Marxisten, 100 Jahre Theorie und Praxis einer Doktrin, Frankfurt/M. 1968.

Zippelius, R.: Rechtsphilosophie, München 1982.

— Gesellschaft und Recht, Grundbegriffe der Rechts- und Staatssoziologie, München 1980.

FSC
www.fsc.org
MIX
Papier | Fördert gute Waldnutzung
FSC® C083411

Kolibri 360 GmbH
Ferdinand-Jühlke-Straße 7
99095 Erfurt, Deutschland
produktsicherheit@kolibri360.de

Druck:
CPI Druckdienstleistungen GmbH
im Auftrag der
Kolibri 360 GmbH
Ferdinand-Jühlke-Str. 7
99095 Erfurt